KB075468

코딩의 기초 지식부터 동물 소리 API, 게시판 구현까지!
웹 개발의 전 과정을 이해할 수 있다!

진입 장벽을 낮추는 최소한의 코딩!
조코딩과 함께라면
보통 사람도 쉽게 도전할 수 있어요!

-------------------------- 이 책, 이런 분께 추천해요! --------------------------

- 코딩 공부를 처음 시작한 **컴공과 신입생 / 중고등학생**
- 웹 서비스 개발에 관심 있는 **비전공자**
- 웹 개발자로의 전직을 꿈꾸는 **웹 퍼블리셔**
- 웹 개발 기본을 공부하고 싶은 **웹 디자이너**
- 아이와 함께 코딩을 쉽게 배우고 싶은 **학부모**

"코딩을 하나도 몰랐는데,
조코딩 님 덕분에 코딩의 틀을 잡았어요!"

아예 코딩을 모르는 사람입니다. 독학을 하면서
개발자를 꿈꾸는데, 조코딩 강의를 통해 점점 꿈
에 가까워지고 있다는 걸 느낍니다.

안** 님

변** 님

몇 배 비싼 오프라인 강의보다 훨씬 좋습니다!!!

알아듣기 쉽게 설명해 주시니 쏙쏙 이해할 수
있어서 너무 좋아요~

이** 님

노** 님

코딩의 전체 틀을 잡기에 좋은 강의입니다.

예시를 들어 설명해 주시고, 코드를 하나하나 짚
어 주셔서 정말 좋았습니다.

이** 님

책과 함께 보면 좋은 동영상 강의 소개

조코딩 유튜브 또는 이지스퍼블리싱 유튜브의 《Do it! 조코딩의 첫 웹 개발》 재생 목록에서 조코딩의 친절한 강의를 만나 보세요.

- **재생 목록 링크:** bit.ly/play_jocoding

책 곳곳에 들어 있는 34개의 동영상 강의 중 "이건 꼭 봐야 돼" 10개를 선별했습니다. 공부하면서 이해하기 어려운 부분은 다음 동영상 강의를 참고하세요!

| 03-3 CSS 적용 | 04-2 자바스크립트 문법 | 04-3 웹 조작하기 | 05-1 API | 05-2 제이슨 |
| 06-2 포트 | 06-3 API 개발 | 06-3 변수 라우팅 | 06-3 CORS | 07-2 데이터베이스 |

저와 함께 웹 사이트
만들어 볼까요?

웹 교육 유튜버 1위!

조코딩의

첫 웹 개발

누구나 따라 할 수 있는 웹 페이지 만들기

#HTML #CSS #자바스크립트 #노드JS #SQL

조동근, 조경민 지음

이지스 퍼블리싱

코딩별★에
불시착한 보통 사람들을 위한
Do it! 시리즈

Do it!
조코딩의 첫 웹 개발 — 누구나 따라 할 수 있는 웹 페이지 만들기

초판 발행 • 2024년 5월 31일

지은이 • 조동근, 조경민
펴낸이 • 이지연
펴낸곳 • 이지스퍼블리싱(주)
출판사 등록번호 • 제313-2010-123호
주소 • 서울특별시 마포구 잔다리로 109 이지스빌딩 3층(우편번호 04003)
대표전화 • 02-325-1722 | **팩스** • 02-326-1723
홈페이지 • www.easyspub.co.kr | **페이스북** • www.facebook.com/easyspub
Do it! 스터디룸 카페 • cafe.naver.com/doitstudyroom | **인스타그램** • instagram.com/easyspub_it

총괄 • 최윤미 | **기획** • 이수진 | **책임편집** • 이수경 | **기획편집 1팀** • 임승빈, 이수경, 지수민 | **교정교열** • 박명희
표지 및 본문 디자인 • 트인글터 | **인쇄** • 보광문화사 | **마케팅** • 이나리
독자지원 • 박애림, 오경신 | **영업 및 교재 문의** • 이주동, 김요한(support@easyspub.co.kr)

ISBN 979-11-6303-596-1 13000
가격 17,000원

"대 인공지능 시대! 그래도 코딩의 기본은 배워야 합니다!"

인공지능 시대가 본격화되면서 코딩 공부를 회의적으로 바라보는 시선이 많아졌습니다. 엔비디아^{NVIDIA}의 CEO 젠슨 황이 "코딩을 배울 필요 없다"고 발언하여 많은 사람들에게 충격을 주었고, 인공지능^{AI} 개발자 데빈^{Devin}이 등장하여 앞으로 개발자가 사라질 것이라는 이야기가 나오면서 코딩 입문자들이 공부를 망설이고 있습니다. 그렇다면 코딩은 정말로 공부할 필요가 없을까요?

그래도 AI에게 물어볼 수 있는 코딩 실력은 갖춰야죠!

앞에서 언급한 '코딩을 배울 필요 없다'는 말은 코딩 공부를 전혀 하지 말라는 뜻이 아니라, AI를 활용하면 코딩을 잘 몰라도 코딩할 수 있다는 것으로 '진입 장벽이 낮아졌다'는 의미입니다. 과거 10년 차 개발자나 만들 수 있던 프로그램도 이제 AI와 함께라면 코딩을 1개월 배운 초보자도 비슷하게 흉내를 낼 수 있습니다. 큰 덩어리의 개념 위주로 이해하고 세부적인 것은 AI에게 물어볼 수 있을 정도의 지식만 있으면 프로그램을 만들 수 있죠. 따라서 여러분도 AI를 지렛대로 삼을 수 있을 정도로만 가성비 좋게 코딩을 배우면 됩니다.

개발부터 배포까지! 웹 서비스의 큰 흐름을 예제로 만나 보세요!

이 책은 실제 서비스를 구축할 때 공통으로 필요한 핵심 분야인 프런트엔드, 백엔드, 데이터베이스 개념부터 실전 배포 과정에서는 웹 개발을 중심으로 예제를 만들어 보며 서비스 개발의 큰 흐름을 배웁니다. AI의 힘을 빌려 여러분의 아이디어를 세상에서 가치 있게 만드는 데 필요한 기초 능력을 가장 효율적으로 배울 수 있도록 구성했습니다. 적게 일하고 돈 많이 벌라는 덕담처럼 여러분도 이 책을 통해 핵심 중심으로 적게 공부하고 많은 것을 구현할 수 있기를 바랍니다!

코딩 입문 해결사 유튜버 조코딩 드림

"코딩을 처음 접해도 걱정 마세요! 든든한 기초 지식을 알려 드릴게요!"

IT와 코딩이 얼마나 세상을 변화시켰는지 생각해 본 적 있나요? 언제 어디서나 좋아하는 노래를 듣고 친구들이 올린 사진을 보고, 집에서도 공문서를 바로 출력하고 은행 업무를 보는 등 우리 생활은 이전으로 다시 돌아가는 것을 상상할 수 없을 만큼 크게 바뀌었습니다.

어려운 기술 뒤에는 단단한 지지대와 같은 기초 지식이 있다

우리 세상을 변화시킨 IT 기술의 원리를 알고 있나요? 복잡하고 어려운 기술 뒤에는 그것을 받치는 단단한 지지대와 같은 기초 지식이 있습니다. 조코딩 님과 이 책을 쓰면서 가장 고민했던 부분이 바로 코딩을 처음 접하거나 어려워서 포기했던 분들에게 '어떻게 하면 튼튼한 지지대를 만들어 줄 수 있을까' 하는 것이었습니다. 그래서 이 책에서는 HTML, CSS, 자바스크립트라는 언어를 사용하는 차원에서 한 단계 나아가, 온 세상의 정보에 접근할 수 있도록 해준 인터넷의 원리를 알려 주고 싶었습니다.

이 책을 집필하면서 처음 코딩을 배우던 때가 종종 생각났습니다. 그때 알았더라면 좋았을 IT 지식, 공부를 어떻게 시작해야 할지 막막했던 순간에 도움받은 웹 사이트 등 개발자로 업무를 수행하기까지 여러 경험을 녹여 낸 책이어서 더욱 감회가 새롭습니다.

책을 쓸 수 있는 좋은 기회를 주신 조코딩 님과 늘 지지해 주는 가족과 친구들, 클라우드타입 임직원 분들께 감사드립니다. 그리고 집필 과정에서 물심양면으로 도움을 주신 이지스퍼블리싱 담당자 분들께도 마음 깊이 고마움을 전합니다. 나만의 아이디어를 인터넷 세상에서 펼치는 데 이 책이 도움닫기 역할을 할 수 있기를 소망합니다.

개발을 시작했을 때의 설렘을 담아, 개발자 조경민 드림

이 책으로 공부해야 하는 이유 5가지!

 구독자 60만! 누적 조회수 1억 4천만!
코딩 분야 1등 유튜버 조코딩이 개발 입문자를 위해 나섰습니다!

코딩의 'ㅋ'자도 모르는 상태라고요? 걱정하지 마세요! 모니터만 물끄러미 바라보고 있을 분들을 구원하기 위해 조코딩이 이 책을 직접 썼으니까요. 조코딩 유튜브 채널로 연결된 QR코드를 스캔하면 동영상을 통해 좀 더 자세한 설명을 들을 수 있습니다.

조코딩의 유튜브

 웹의 기초 개념부터 게시판 만들기도 뚝딱!
온 세상에 공개하는 나의 첫 웹 프로그래밍!

이론만 파고들며 공부하는 건 그만! 이 책에서는 코딩의 기초 개념만 이해하고 나서 바로 코드를 입력하며 게시판을 만들어 봅니다. 그리고 내가 만든 게시판 페이지를 누구나 접속할 수 있도록 배포해 볼 거예요. 코딩의 기초조차 몰랐던 분들도

이 책과 함께라면 웹 개발의 핵심을 이해하고 코딩의 주요 개념까지 완전 정복할 수 있습니다.

이 책에서 만드는 게시판 페이지

 "내가 확실하게 이해한 게 맞을까?" 걱정된다면!
이해도 점검을 위한 실습부터 개념을 완성하는 퀴즈까지!

〈복습! 혼자 해보세요!〉와 〈코딩 정복 퀴즈〉를 통해 코딩을 얼마나 이해했는지 스스로 점검해 보세요. 문제를 풀기 위해 시도하고 고민해 봤다는 것만으로도 실력을 키우는 데 충분하니, 그냥 넘어가지 말고 꼭 도전해 보길 바랍니다. 틀린 퀴즈가 있다면 다시 복습하고 넘어가는 것도 잊지 마세요!

실습하다가 오류가 생겼다면 주목!
여러분의 문제를 해결해 줄 [부록]을 확인하세요!

본격적으로 실습하는 06장과 07장에서는 다소 복잡한 코드를 다룹니다. 따라서

한 단계 한 단계 따라 한다고
해도 오타가 나거나 몇 가지 사
항을 놓치는 실수를 할 수 있어
요. 하지만 어떤 오류도 [부록]
에 제시한 5가지만 확인한다면
쉽게 해결할 수 있습니다.

코드가 적힌 예제 파일을 내려받으세요!
복사 붙여넣기로 오류 없이 순식간에 코드 완성!

코드를 직접 입력하는 것이 아직 어렵거나 시간이 부족하다면 이지스퍼블리싱
홈페이지의 [자료실]에서 예제 파일을 내려받아 활용해 보세요!

• 이지스퍼블리싱 홈페이지www.easyspub.co.kr) → [자료실] → 책 이름으로 검색

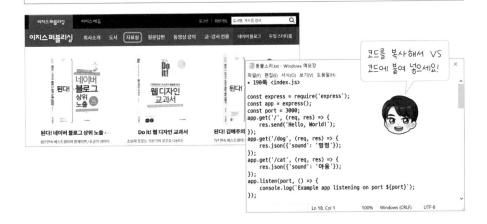

코딩별★에 불시착한 보통 사람들을 위한
Do it! 조코딩의 첫 웹 개발

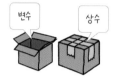

한 번 알아 두면 평생의 무기가 된다!
탄탄한 기초를 위해 꼭 알아야 할 웹 개발 용어 60가지!

책만 읽어도 다음의 60가지 개념을 모두 이해하게 됩니다!
쪽수를 따라가 바로 확인해 보세요~

‘독학용’으로도 ‘교재용’으로도 유용해요!
8회 완성 목표를 세우고 ‘코딩할 줄 아는 사람’이 되세요!

학습 계획을 세우고 웹 개발의 흐름을 따라가 보세요!

프런트엔드 백엔드

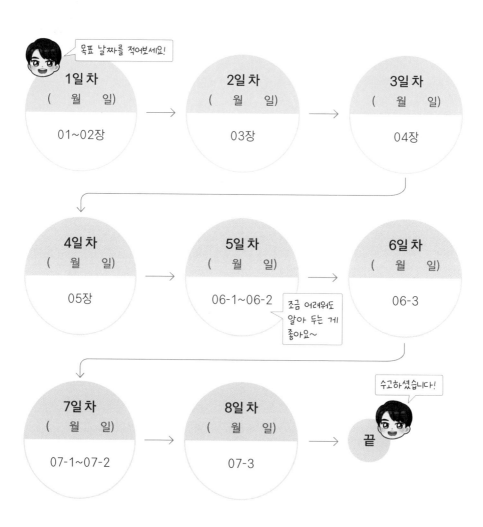

이지스퍼블리싱의 다양한 플랫폼을 소개합니다!

이지스 유튜브 구독하면
IT 강의 무료 수강!

youtube.com/easyspub

'Do it! 스터디룸' 카페에서
친구들과 함께 공부!

cafe.naver.com/doitstudyroom

인스타그램 팔로우하면
이벤트 소식 확인!

instagram.com/easyspub_it

독자 설문 참여하면
6가지 혜택!

의견도 보내고 선물도 받고!

❶ 추첨을 통해 소정의 선물 증정
❷ 이 책의 업데이트 정보 및 개정 안내
❸ 저자가 보내는 새로운 소식
❹ 출간될 도서의 베타테스트 참여 기회
❺ 출판사 이벤트 소식
❻ 이지스 소식지 구독 기회

01

**21세기의 마법,
코딩**

마우스로 같은 작업을 셀 수 없이 반복하거나 키보드로 Ctrl+C, Ctrl+V를 기계적으로 눌러 일을 처리한 적 있나요? 학교 과제나 회사 보고서를 작성해 봤다면 누구나 이런 경험이 있을 거예요.

여기서 21세기의 마법인 코딩이 등장합니다.

컴퓨터와 프로그래밍 언어의 발전으로 이제 코딩은 회사원, 예술가, 교사 등 분야를 가리지 않고 모두가 습득해야 하는 기술이 되었죠.

수천, 수만 번 해야 하는 반복 작업을 단 한 번에 처리할 수 있는 코딩!

조코딩과 함께 코딩의 세계로 한 발짝 나아가 볼까요?

이 장의 목표

- 코딩을 어디에 활용하는지 이해할 수 있어요.
- 코딩을 쉽게 도와주는 도구를 파악할 수 있어요.
- 프런트엔드와 백엔드가 어떤 역할을 하는지 설명할 수 있어요.
- 코딩할 때 필요한 프로그램을 설치할 수 있어요.

핵심 키워드 코딩, 프로그래밍, 프레임워크, 프런트엔드, 백엔드, 비주얼 스튜디오 코드

01-1

코딩, 너는 누구니?

컴퓨터에 둘러싸인 우리의 일상!

여러분은 컴퓨터를 몇 대 사용하나요? 집에서는 데스크톱, 학교나 회사에서는 노트북까지 최소한 1~2대쯤 된다고 대답하는 사람이 대다수일 것 같은데요. 사실 우리는 생각보다 더 많은 컴퓨터를 날마다 사용하고 있습니다.

생활 필수품이 되어 버린 스마트폰과 스마트워치, 아파트에 설치된 월패드, 자동차의 스마트 대시보드, 촬영용 드론, 태블릿 등의 전자기기가 모두 컴퓨터라고 할 수 있습니다. 컴퓨터의 특징이 바로 약속된 '규칙에 따라 사람이 명령을 전달하면 그것을 받아 수행하는 것'이거든요.

스마트폰   스마트워치   태블릿   촬영용 드론

넓은 의미로 살펴보니 우리는 정말 많은 컴퓨터와 일상을 함께 보내고 있네요! 그럼 본격적으로 이 컴퓨터들과 소통하는 방법인 '코딩'에 관해 알아보겠습니다.

코딩이란?

동영상 강의

컴퓨터와 인터넷이 널리 보급되었지만 대중에게는 아직도 생소한 코딩. 이제는 개발자뿐만 아니라 회사원부터 초등학생에 이르기까지 반드시 이해해야 하는 분야로 손꼽히고 있습니다. 그렇다면 코딩을 무엇이라고 정의하면 좋을까요?

코딩은 쉽게 말해 사람이 해야 하는 작업을 컴퓨터에게 시키는 것이라고 할 수 있습니다. 즉, 컴퓨터에게 내리는 명령을 어떻게 구성하느냐에 따라 처리할 수 있는 작업의 수준이 달라집니다. 구체적이고 논리적으로 명령한다면 컴퓨터의 무한한 가능성을 끌어낼 수 있습니다.

컴퓨터가 명령을 이해한 경우   컴퓨터가 명령을 이해하지 못한 경우

위의 두 가지 상황에서 사람이 "내 일 좀 대신해 줘!"라고 명령했을 때 컴퓨터가 이해하지 못한 까닭은 무엇일까요? 바로 우리가 컴퓨터에게 명령하는 방법인 코딩을 제대로 못했기 때문입니다. 그렇다면 어떻게 해야 컴퓨터가 우리의 명령을 잘 알아들을 수 있는지 좀 더 구체적으로 알아보겠습니다.

프로그래밍 언어로 말해요!

컴퓨터는 0과 1만 알아들을 수 있습니다. 컴퓨터에는 인간의 두 뇌와 같이 연산 기능을 수행하는 CPU^{central processing unit}(중앙처리 장치)가 내장되어 있는데요. 인간의 두뇌가 말과 행동을 컨트롤하 는 것처럼 CPU는 컴퓨터의 모든 명령을 처리하는 역할을 합니다.

이렇게 똑똑한 CPU도 한 가지 아쉬운 점이 있는데, 전기 신호를 사용하기 때문 에 0과 1 이렇게 두 가지 값만 계산할 수 있다는 것입니다. 전기 신호의 관점에서 1은 켜진 상태, 0은 꺼진 상태로 볼 수 있습니다. 마치 우리가 방을 환하게 하려 고 스위치를 켜는 것(1)과 방을 나갈 때 스위치를 끄는 것(0)과 같아요. 즉 컴퓨터 는 0과 1로 각각 '아니요'와 '예'를 간단하게 표현할 수 있습니다.

CPU는 0과 1만 계산할 수 있다!

다만 "오늘 점심 메뉴는 무엇인가요?"와 같은 주관식을 요하는 질문에 '예', '아 니요'로 대답할 수 없듯이 컴퓨터도 0과 1을 단독으로 사용해서는 모든 명령을 처리할 수 없어요. 그래서 컴퓨터는 0과 1을 다양하게 조합해서 단어와 문장을 만들어야 합니다. 이때 쓰이는 0, 1로 구성된 언어를 **기계어**라 하고, 이 두 가지 숫자를 조합하여 값을 나타내는 방식을 **이진법**이라고 합니다.

0과 1로 이루어진 컴퓨터의 세계

우리는 점심 메뉴를 묻는 질문에 "김치볶음밥"이라고 쉽게 대답할 수 있습니다. 마찬가지로 기계어를 사용하는 컴퓨터도 0과 1을 규칙에 맞게 조합하면 무엇이든 대답할 수 있어요. 00은 '김치', 11은 '볶음밥'이라는 규칙이 있다고 할 때, 0011이라고 답하면 '김치볶음밥'이 될 테니까요. 이렇게 0과 1을 조합한 문장을 **코드**code라고 하고, 컴퓨터는 코드를 통해 이야기를 합니다.

서로 다른 언어로 이야기하는 사람과 컴퓨터

조코딩의 보충 수업 | **코드의 단위, 비트와 바이트!**

0과 1은 **1비트**(bit) 단위의 크기를 가집니다. 컴퓨터가 생각할 수 있는 가장 작은 단위라고 생각하면 됩니다. 김치볶음밥의 기계어 버전인 0011은 몇 비트일까요? 맞아요, 4비트입니다(십진법 기준). 이렇게 0과 1의 개수를 더하면 몇 비트인지 계산할 수 있어요.

단, 사람이 0과 1로 대화하는 컴퓨터와 소통하려면 0과 1을 조합한 코드 묶음을 알파벳, 숫자, 특수문자 등과 매칭해야 하는데요. 컴퓨터를 개발하던 당시 비트를 8개 정도 묶으면 그 문제를 해결할 수 있다는 것을 알게 되었습니다. 그래서 탄생한 것이 8개의 비트를 묶은 **1바이트**(byte)라는 단위입니다.

하지만 안타깝게도 사람과 컴퓨터는 서로의 언어를 이해할 수 없어요. 0과 1의 조합 규칙을 전부 외울 순 없으니까요. 그래서 우리는 컴퓨터에게 명령을 전달하기 위해 일정한 규칙과 문법으로 이루어진 **프로그래밍 언어**를 사용해서 코딩해야 합니다. 프로그래밍 언어가 기계어로 적절하게 번역되기만 하면 기계어를 몰라도 컴퓨터와 원활하게 소통할 수 있습니다.

프로그래밍 언어는 일반적으로 영어 단어로 구성되어 있고 학습을 통해 충분히 습득할 수 있습니다. 코드 작성을 완료한 프로그램은 사람의 언어를 컴퓨터 언어로 번역해 주는 **컴파일러**compiler라는 도구를 거쳐 0과 1로 이루어진 기계어로 변환되어 컴퓨터에 전해집니다. 이렇게 해야 컴퓨터가 명령을 알아듣고 일을 할 수 있습니다. 앞으로 여러분이 1010 1111 0111과 같은 기계어를 사용할 일은 없으니 안심하고 코딩의 재미에 푹 빠지면 됩니다!

사람들은 프로그래밍 언어로 입력해요!   컴퓨터에게 기계어로 번역해 줍니다!

**조코딩의
보충 수업** | ### 고급 언어 vs. 저급 언어

프로그래밍 언어는 고급 언어(high level)와 저급 언어(low level)로 나눕니다. 이 용어는 언어의 성능이나 범용성 등 품질을 나타내는 것이 아니라 인간이 사용하는 언어와 가까운 정도를 상대적으로 구분할 때 사용합니다. 즉, 인간이 이해하기 쉽다면 고급 언어, 어려우면 저급 언어로 구분하는 것이죠.

예를 들어 보편적으로 많이 사용하는 파이썬은 영어 단어에서 어떤 명령을 수행할지 쉽게 유추할 수 있는 반면, 기계어나 어셈블리어는 하드웨어에서 처리되는 형식에 가까우므로 바로 이해하기 어렵다는 특성이 있습니다.

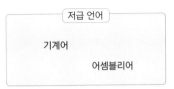

논리적 명령(알고리즘)이 필요해요!

동영상 강의

컴퓨터는 논리적인 명령만 알아들을 수 있습니다. 컴퓨터가 "내일 좀 대신해 줘!"라는 명령을 알아듣지 못한 궁극적인 이유라고 할 수 있는데요. 사람이 의도한 대로 컴퓨터가 작업을 수행하려면 명령을 구성하는 여러 정의와 조건, 순서 등의 짜임새가 논리적이어야 합니다. 또한 컴퓨터가 애매하다고 판단하지 않을 정도로 그 내용이 구체적이어야 합니다. 이렇게 절차에 따라 수행하는 명령을 페르시아 수학자인 알-콰리즈미Al-Khwarizmi 의 이름에서 따 **알고리즘**algorithm이라고 합니다.

알고리즘은 우리가 이 책에서 다루는 프로그래밍은 물론, 인공지능 및 머신러닝 분야, 암호학, 컴퓨터 그래픽스, 운영체제 등 다양한 컴퓨터 과학 및 공학 분야에서 문제 해결 도구로 사용됩니다. 컴퓨터가 정상적으로 일할 수 있게 도와주는 알고리즘, 좀 더 자세히 살펴볼까요? 컴퓨터에게 샌드위치 만드는 과정을 알려 주는 것을 예로 들어 알고리즘을 이해해 보겠습니다.

다음은 샌드위치를 만드는 7단계 과정입니다.

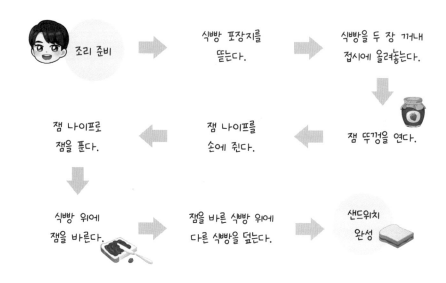

어때요? 컴퓨터가 이해할 수 있게 샌드위치를 무사히 완성했나요?

일상에서 샌드위치를 만들 때는 단순히 '식빵 위에 잼을 발라 겹친다'로 정의할 수 있지만, 컴퓨터에게 명령할 때는 한 단계 한 단계 구체적이고 논리적으로 설명해야 합니다. 그래야만 컴퓨터도 명령을 정확히 알아듣고 수행할 수 있으니까요. 이게 바로 알고리즘의 원리입니다. 여기서는 7단계로 나눠서 샌드위치를 만들었지만, 과정을 더 세분화해서 정리할 수도 있습니다. 컴퓨터는 사람이 사물을 바라보는 관점을 그대로 적용할 수 없으므로, 우리는 컴퓨터에게 명령을 최대한 자세하게 전달해서 의도한 대로 작업을 수행할 수 있도록 해야 합니다.

어렵지 않죠? 이 두 가지만 유념하면 이 책에서 다루는 코딩은 이해하고 넘어갈 수 있어요. 코딩이라는 마법, 이제 하나씩 배워볼까요?

'라면 끓이기' 알고리즘 만들기

라면 끓이는 과정을 알고리즘으로 구성해 보세요. 컴퓨터가 이해할 수 있도록 과정을 빼놓지 말고 최대한 구체적이고 자세하게 적어야 해요.

▶ 모범 예시는 252쪽에서 확인할 수 있습니다.

01-2

코딩이 쉬워지는 3가지 방법

컴퓨터의 발전이 코딩의 발전으로 이어졌어요!

동영상 강의

컴퓨터가 처음 등장했을 때만 해도 1초에 처리할 수 있는 연산이 5,000회밖에 되지 않았어요. 하지만 슈퍼 컴퓨터가 도입되고 개인용 컴퓨터에 들어 있는 인텔 코어, 라이젠, 애플의 M2 등 하드웨어가 상향 평준화되면서 연산 속도가 이전과는 비교도 할 수 없을 정도로 빨라졌습니다. 이젠 고성능 하드웨어를 사용하지 않아도 인터넷에 연결만 되어 있으면 클라우드를 활용할 수도 있고요.

예전에는 컴퓨터의 연산 속도가 빠르지 않을뿐더러 프로그램을 구동하는 데 필요한 메모리 등도 철저히 관리해야 했습니다. 게임 화면에 사용하는 요소를 간소화하고 재활용하는 등 리소스를 최대한 효율적으로 사용해야 했어요. 하지만 이제 리소스를 걱정하지 않아도 될 정도로 하드웨어 기술이 크게 발전했고, 코딩을 간편하게 해주는 여러 도구들도 개발되어 누구나 사용할 수 있게 무료로 공개되고 있습니다.

▶ 리소스(resource)란 우리말로 자원이라는 의미로, 프로그램에서 사용되는 처리 장치나 저장 공간 등을 말합니다.

예전에는 산과 구름의 모양이 똑같았어요!

용량이 40KB밖에 되지 않는 슈퍼 마리오 게임

이렇게 편리해진 코딩, 어떻게 공부하면 좋을까요?

하나. 밀키트처럼 소스 코드를 제공하는 프레임워크 활용하기

동영상 강의

앞서 컴퓨터에게 명령을 전달하려면 프로그래밍 언어를 배워야 한다고 했어요. 그렇다면 특정 프로그램을 만들 때마다 필요한 코드를 일일이 작성해야 할까요?

물론 예전에는 코드를 하나씩 작성해야 했습니다. 하지만 요즘에는 다양한 언어와 프레임워크framework가 고안되어 프로그램을 좀 더 쉽게 구현할 수 있습니다. **프레임워크**란 쉽게 말해 소스 코드를 집합해 놓은 코드 모음집입니다. 웹 사이트, 모바일 앱 등 분야별로 목적에 맞게 프로그램을 개발할 때 활용하는 틀이라고 생각하면 됩니다. 프레임워크는 기능 단위 프로그램인 라이브러리로 구성되며, 필요에 따라 인증, 데이터베이스 연동, 웹 서버, 관리자 기능 등을 받아서 쓸 수 있도록 구축되어 있습니다.

프레임워크를 사용하면 기본 틀 안에서 일부 필요한 부분만 수정해서 활용하면 되므로 편리할 뿐 아니라 시간

▶ API, SDK, 라이브러리, 프레임워크 모두 비슷한 개념이라고 생각하면 됩니다.

도 크게 절약할 수 있어요. 마치 '밀키트'를 사서 그대로 조리하면 쉽게 완성할 수 있는 것처럼요!

프로그래밍 언어는 각각 전용 프레임워크가 따로 있는데, 예를 들어 자바Java는 스프링Spring, 파이썬Python은 장고Django 또는 플라스크Flask, 자바스크립트는 노드JSnode.js, 이하 노드를 사용합니다. 이 책에서는 자바스크립트를 활용할 것이므로 자바스크립트의 프레임워크인 노드를 배울 거예요. 06장에서 자세히 다룰 것이니 차근차근 따라오면 됩니다.

자바	파이썬		자바스크립트
스프링	장고	플라스크	노드
spring	django	Flask	n●de JS

언어별 프레임워크의 종류

둘. 스택 오버플로에서 검색하면 다 해결된다!

동영상 강의

코딩을 하다가 오류가 발생해서 막히는 부분이 생기면 누구에게 물어봐야 할까요? 또는 어떤 기능을 구현하고 싶은데 방법을 모르면 어떻게 해야 할까요? 집단 지성의 집합체인 인터넷에서 해답을 바로 얻을 수 있습니다.

그중 가장 대표적인 서비스를 소개할게요! 바로 코드나 오류 메시지를 게시물로 등록하여 해결 방법을 질문하는 커뮤니티인 **스택 오버플로**Stack Overflow입니다. 이 커뮤니티에서는 전 세계 개발자의 고민과 논쟁, 테스트 등으로 검증된 해결책을 아주 손쉽게 구할 수 있죠.

이를 비롯하여 각종 개발 관련 블로그와 웹 사이트를 참고하는 것도 아주 좋은 문제 해결 방법입니다.

스택 오버플로 웹 사이트(stackoverflow.com)

이러한 방법은 마치 정확한 계량 수치와 조리법을 몰라도 인터넷 검색 창에 '○○○ 레시피'라고 검색해서 음식을 쉽게 만드는 것과 같습니다. 코딩의 큰 흐름을 이해한다면 얼마든지 검색해서 내가 필요한 프로그램을 만들 수 있어요.

셋. 인공지능으로 더 쉬워진 코딩!

최근에는 **인공지능**artificial intelligence, 이하 AI 기술이 발달하면서 코딩에도 **챗GPT**ChatGPT와 같은 대화형 인공지능 서비스를 활용하고 있습니다. 예를 들어 챗GPT에 "이미지 3개를 가로로 배열하는 HTML 코드를 작성해 주세요"라고 요청하면 챗GPT가 바로 활용할 수 있는 코드를 작성하여 제공합니다.

이와 더불어 완성된 코드를 챗GPT 스스로 실행하고, 오류가 발생하면 그 부분을 수정하여 다시 실행하는 기능도 출시되었습니다. 이런 기능을 다양한 개발 상황에 응용한다면 AI 엔진을 활용하여 아이디어를 얻는 것도, 나만의 아이디어를 코딩으로 실현할 때에도 큰 도움이 되겠죠?

챗GPT 서비스(chat.openai.com)

코딩 없이도 프로그램 완성! — 노코드 툴

심지어 코딩에 필요한 프로그래밍 언어를 몰라도 노코드^{no code} 툴을 이용하면 코드를 직접 작성하지 않고도 그럴듯한 서비스를 만들 수 있어요. 파워포인트에서 슬라이드를 만드는 것처럼 구성 요소를 자유롭게 배치하고 문구를 수정할 수도 있죠.

웹 사이트를 만들 때에는 뒤에서 배울 HTML, CSS, 자바스크립트 등을 유기적으로 구성해야 여러 크기의 스크린에 대응하거나 원하는 디자인 요소를 적용할 수 있는데요. 코드로 구현하려면 고려해야 할 사항이 많아서 개발자가 아니라면 어려움을 겪을 수밖에 없습니다. 이때 노코드 툴이 친절한 도우미 역할을 하는 것이죠. 시장에 출시된 여러 노코드 툴은 쓰임새가 매우 다양합니다. 먼저 디자인 요소를 웹 브라우저에서 직접 배치하여 웹 페이지를 구성할 수 있는 버블bubble, 웹플로webflow, 아임웹imweb 등이 있습니다. 이뿐만 아니라 방대한 양의 엑셀 데이터나 이메일 등을 사용 목적에 맞게 가공하고 이를 외부의 툴과 연동해 주는 재피어Zapier 역시 대표적인 노코드 툴입니다. 일일이 수작업으로 하는 업무를 자동화하기 위해서 코딩을 하는 경우가 많은데, 이러한 툴을 사용하면 간단한 계정 인증이나 파일 업로드만으로 처리 대상 데이터를 연동할 수 있습니다.

대표적인 노코드 툴인 버블, 웹플로, 재피어

코딩 없이 블록 쌓기만으로 로직, API 등 백엔드를 코딩할 수 있는 노코드 앱 싱크트리SyncTree도 추천합니다. QR코드를 스캔해서 싱크트리로 웹 사이트를 만드는 과정을 확인해 보세요.

싱크트리
활용하기

01-3

웹 개발로 코딩을 시작하세요!

웹 개발로 코딩에 입문하면 좋은 이유

동영상 강의

크롬과 같은 **웹 브라우저**^{web browser}에서 접근할 수 있는 인터넷
상의 문서를 **웹 사이트**^{web site}라고 합니다. 웹 사이트라는 말은 들
어 봤는데 웹 브라우저라고 하니 다소 생소한가요? 우리는 사실
웹 브라우저를 익숙하게 사용해 왔습니다. '인터넷을 한다'라고 하면 크롬, 엣지,
사파리를 실행할 텐데, 이때 나타나는 창이 바로 웹 브라우저입니다. 이처럼 웹
개발은 웹 사이트를 개발하는 과정이라 할 수 있어요.

보통 코딩을 공부한다고 하면 프로그래밍 언어를 생각하는데요. 막상 따라 해도

검은 화면에 온갖 정체
모를 영어만 한가득이
니, 프로그램을 제대로
만들었는지 와닿지 않습
니다.

제대로 코딩을 해도
티가 안나요!

*이 하나씩 늘어나는 게임 개발 화면

하지만 웹 개발은 달라요. 코드를 입력하자마자 그 결과물을 눈으로 직접 확인할 수 있습니다. "Google을 Joogle로 바꿔서 입력해 줘"라는 내용으로 코드를 입력하면 웹 사이트에 Joogle이라는 글자가 즉각 나타나죠!

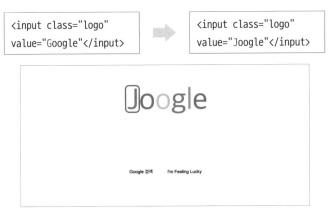

코드를 입력하면 곧바로 나타나는 웹 개발 화면

웹은 앱이나 게임보다 개발 난이도가 낮고 완성한 결과물을 쉽게 공유할 수 있습니다. 또한 웹 개발을 통해 코딩의 원리를 이해한다면 안드로이드와 iOS에서 사용하는 모바일 앱, 윈도우와 맥에서 사용하는 PC 응용 프로그램, 게임 등 다른 개발 영역을 공부하는 데에도 유리합니다. 그러므로 개발 분야에 첫발을 내딛는다면 웹 개발로 시작하는 것을 추천합니다.

개발 분야 2가지 — 프런트엔드와 백엔드

개발 분야는 크게 프런트엔드front-end와 백엔드back-end로 나뉘며, 일반적으로 프런트엔드와 백엔드 두 가지를 모두 개발해야 하나의 프로그램(웹 사이트)을 만들 수 있습니다. 요즘은 풀스택full-stack이 라고 해서 프런트엔드와 백엔드를 모두 다룰 줄 아는 개발자도 많습니다. 두 개념을 자세히 알아보겠습니다.

동영상 강의

프런트엔드는 사용자를 뜻하는 **클라이언트**client가 브라우저를 통해 요청을 하는 영역으로, 웹, 모바일, PC, 게임 등에서 눈에 보이는 화면을 의미합니다. 클라이언트는 일상에서 '의뢰인' 또는 '고객'으로 통하는데요. 말 그대로 무언가를 요청하는 주체라고 할 수 있습니다. 그리고 **백엔드**는 보이지 않는 정보를 처리하는 역할을 하며, **서버**server라고도 합니다. '종업원'이라는 뜻의 서버가 고객인 클라이언트의 요청을 처리한다고 보면 됩니다.

'파스타 레시피'를 검색하는 과정에서 징검다리 역할을 하는 프런트엔드

프런트엔드와 백엔드의 개념을 우리가 잘 아는 포털 사이트 '네이버'에 적용해 보겠습니다. 네이버 첫 화면에 보이는 입력 창, 버튼 등은 모두 프런트엔드에서 담당하는 영역입니다. 이 첫 화면은 앞으로 02~04장에서 배울 HTML, CSS, **자바스크립트**를 이용해서 구성합니다. 그리고 네이버 첫 화면에서 [로그인]을 클릭해 아이디와 비밀번호를 입력했을 때 이 정보가 데이터베이스에 있는지 확인한 뒤 로그인에 성공할 수 있도록 해주는 역할은 바로 백엔드가 담당합니다.

네이버에 접속하면 나타나는 프런트엔드 화면

프런트엔드와 백엔드 외에 또 어떤 개발 분야가 있나요?

개발 분야의 또 다른 영역으로 데이터베이스, 임베디드, 보안 등이 있습니다. 프런트엔드와 백엔드가 상호작용할 때 생기는 정보를 저장하는 공간을 **데이터베이스**(database)라고 합니다. 데이터가 많이 쌓이면 빅데이터, 데이터를 학습시키면 머신러닝, 인공지능 등으로 부르죠. **임베디드**(embedded)는 조명을 켜고 끄거나 바퀴를 움직이는 등 장비나 기계를 제어하는 분야이고, **보안**은 정보가 유출되지 않도록 해커 등 외부의 공격으로부터 보호하는 역할을 한다고 생각하면 됩니다.

프런트엔드의 핵심 3총사 — HTML, CSS, 자바스크립트

앞서 프런트엔드의 개념을 설명할 때 네이버 화면에서 입력 창, 버튼과 같은 요소는 HTML, CSS, 자바스크립트로 만든다고 했습니다. 프런트엔드 3총사라 할 수 있는 이들이 각각 어떤 역할을 하는지 게임 캐릭터 예시로 살펴보겠습니다.

게임에서 처음 캐릭터를 만들면 날것 상태여서 매우 단순한 형태입니다. 게임을 하다 보면 경험치도 오르고 아이템도 장착하면서 점점 화려해지죠. 여기서 '나'라는 캐릭터 자체는 HTML이, 캐릭터를 꾸며 주는 각종 의류와 장신구는 CSS가 만들어 줍니다.

꾸미는 것까지 마친 캐릭터는 아직 다른 캐릭터에게 영향을 미치거나 게임 속 세계와 상호작용하지 않습니다. 그렇다면 이 캐릭터가 마법으로 다른 캐릭터를 공

격하거나 공격을 막아 낼 수 있다면 어떨
까요? 비로소 캐릭터가 바깥 세상과 상호
작용할 수 있는 상태가 된 것일 텐데요. 이
와 같이 캐릭터에게 동작이나 기술 등을
부여하는 것이 바로 **자바스크립트**의 역할
입니다.

백엔드 ― 서버, 데이터베이스

백엔드 영역은 크게 서버와 데이터베이스로 나뉩니다. 앞서 **서버**가 종업원 역할
을 한다고 비유했던 것 기억하나요? 클라이언트인 우리가 프런트엔드 영역에서
눈에 보이는 메뉴 화면을 통해 명령을 내리면, 백엔드 영역의 서버가 그 명령을
받아 수행한다고 이해하면 됩니다. 그리고 서버가 수행한 결과물은 다시 프런트
엔드 영역을 통해 우리에게 전달됩니다.

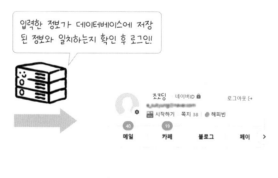

서버는 처음부터 구성하려면 매우 복잡합니다. 그래서 우리는 01-2절에서 언급
했듯이 프레임워크의 도움을 받는 것이죠.

한편 서버에 있는 데이터를 한데 모아 둔 곳을 **데이터베이스**database라고 합니다. 백엔드에서 수행한 결과물이 데이터베이스라는 창고에 저장되는 것입니다. 데이터베이스는 크게 관계형 데이터베이스relational database와 비관계형 데이터베이스 non-relational database 또는 NoSQL로 나뉩니다. 쉽게 비유하면 관계형 데이터베이스는 잘 정리된 도서관, 비관계형 데이터베이스는 온갖 물건을 넣어 둔 하나의 바구니라고 할 수 있습니다. 관계형 데이터베이스는 엑셀처럼 행과 열로 구성된 표 형식으로 데이터를 저장하고, 비관계형 데이터베이스는 종류에 따라 다르지만 주로 데이터의 이름을 나타내는 키key와 데이터의 값value을 쌍으로 묶어 저장합니다.

데이터베이스는 07장에서 자세하게 설명합니다. 관계형 데이터베이스 중에서도 가장 다루기 쉽고 가벼운 **에스큐라이트**SQLite를 사용할 거예요.

데이터가 표 형식으로 정리된 관계형 데이터베이스

이 책에서는 프런트엔드를 배울 때 HTML과 CSS, **자바스크립트**를, 백엔드를 배울 때 **노드**와 **에스큐라이트**를 다룹니다. 이 5가지만 이해해도 앞으로 쉽게 웹 개발을 도전할 수 있답니다.

웹 개발,
이것만 설치하면 준비 끝!

앞서 웹 개발을 위한 사전 지식을 모두 익혔습니다. 이제 본격적으로 웹 개발을 위한 준비물을 마련할 차례입니다. 바로 우리가 웹 사이트를 만들 기반인 '크롬 브라우저'와 코드 편집기인 '비주얼 스튜디오 코드'입니다.

가장 인기 있는 웹 브라우저, 구글 크롬!

웹 브라우저는 웹이라 불리는 드넓은 인터넷 세상에서 내가 원하는 정보를 찾기 위해 항해하는 배와 같습니다. '인터넷 서핑을 하다(surf the internet)'라는 표현을 떠올리면 이해하기 쉬울 거예요. 우리가 인터넷에 공개된 정보를 활용하려면 웹 브라우저라는 소프트웨어가 꼭 필요합니다.

그렇다면 현재 가장 인기 있는 웹 브라우저는 무엇일까요? 바로 **구글 크롬**Chrome입니다. 과거에는 윈도우에 기본으로 탑재된 인터넷 익스플로러Internet Explorer를 널리 사용했으나 웹 표준 준수, 모바일 기기의 발전이라는 글로벌 IT 흐름에 발맞추어 막강한 사용

구글 크롬

성을 무기로 한 크롬이 2016년
을 기점으로 점유율 65% 가량
을 확보하며 왕좌를 차지하게
되었죠.

웹 브라우저 크롬의 첫 화면

앞으로 여러분이 열심히 작성한 코드가 많은 사람들의 웹 브라우저에서 잘 구현
되려면 가장 대중적인 것을 기준으로 하는 게 좋겠죠? 앞으로 진행할 실습을 위
해 **크롬 브라우저**를 설치해 주세요.

 조코딩의
보충 수업 | **인터넷 익스플로러를 더 이상 사용하지 않는 이유는 뭔가요?**

지금은 대부분 사용하지 않는 인터넷 익스플로러, 인터넷 세계에서
왜 퇴출당한 걸까요? 한마디로 말해서 규칙을 어겼기 때문이에요.
HTML과 CSS, 자바스크립트 코드를 입력하면 어떤 브라우저에서
든 똑같은 화면으로 나타나야 웹 사이트를 개발하기에 편리하겠죠?
인터넷 익스플로러
하지만 인터넷 익스플로러는 코드 규칙(표준)을 어기고 계속해서 자신만의 기술을 썼
어요. 따라서 개발자들이 특정 웹 사이트를 만들 때 크롬, 엣지, 사파리 등에 적합한 코
딩과 인터넷 익스플로러에 적합한 코딩을 따로 해주어야 했습니다.
처음에는 인터넷 익스플로러를 사용하는 사람들이 압도적으로 많았지만, 인터넷 익스
플로러는 점점 발전하는 HTML과 CSS, 자바스크립트에 발을 맞추지 않았고, 결국 점
유율은 점점 떨어졌습니다. 아울러 성능과 보안 면에서 취약점이 드
러나기 시작했고 최근 중요해진 모바일 환경에도 부적합했어요. 오른
쪽 QR코드를 스캔해서 인터넷 익스플로러가 어떻게 도태되었는지 더
자세히 확인해 보세요.

코딩에 최적화된 도구, 코드 편집기

보고서를 작성할 때 MS 워드나 한컴오피스, 파워포인트를 이용하는 것처럼 코딩할 때에는 바로 **코드 편집기**^{code editor}를 사용합니다.

사실 코드는 메모장에서도 실행할 수 있습니다. 하지만 코드 편집기는 프로그래밍 언어의 문법에 맞춰 색상을 넣어 주고 코드에서 오류가 난 부분을 표시해 주는 등 프로그램 개발을 훨씬 손쉽게 할 수 있도록 다양한 기능을 제공하죠.

메모장에 코드를 입력한 경우

코드 편집기에 코드를 입력한 경우

현재 가장 대중적으로 사용하는 코드 편집기는 MS에서 개발하여 무료로 공개한 **비주얼 스튜디오 코드**^{Visual Studio Code, 이하 VS 코드}입니다. VS 코드는 확장팩^{extensions}을 사용해서 다양한 기능을 추가

VS 코드 아이콘

할 수 있으며, 여러 언어에 최적화된 도구 지원과 개발의 편의성, 외부 프로그램과의 뛰어난 연동성으로 많은 개발자들에게 사랑받고 있습니다.

코드 편집기는 이 외에도 제트브레인^{JetBrain}에서 개발한 자바/코틀린^{Kotlin} 전용 **인텔리제이**^{IntelliJ}, 파이썬 전용 **파이참**^{PyCharm}, 윈도우 전용 **비주얼 스튜디오**^{Visual Studio}, iOS/macOS 전용 **엑스코드**^{Xcode} 등이 있습니다.

자바/코틀린	파이썬	윈도우	iOS/맥OS
인텔리제이	파이참	비주얼 스튜디오	엑스코드

코드 편집기의 종류

조코딩의
보충 수업 | 비주얼 스튜디오 코드 vs. 비주얼 스튜디오, 비슷한 건가요?

언뜻 보면 두 도구의 이름이 비슷해서 기능이나 사용법도 비슷하다고 생각할 수 있습니다. 하지만 이 둘은 사용 목적이나 지원 기능이 조금 다릅니다.

비주얼 스튜디오 코드	비주얼 스튜디오
• 코드 작성 및 편집에 최적화 • 확장팩을 통한 다양한 프로그래밍 언어 지원 • 개인 및 작은 프로젝트에 적합한 유연한 작업 환경	• 개발, 디버깅, 테스트 도구, 컴파일러 등을 포함한 통합 개발 환경 • .NET 개발에 최적화 • 대규모 프로젝트나 기업 소프트웨어 개발을 위한 풍부한 기능 제공

우리는 웹 사이트라는 작은 프로젝트를 개발하고, 코드 작성법을 배우는 것이 목적이므로 비주얼 스튜디오 코드를 사용하는 게 적합합니다.

Do it! 실습 ➤ VS 코드 설치하기

VS 코드는 손쉽게 내려받아 설치할 수 있으며, 디스크 용량이나 메모리를 크게 차지하지 않아 가볍게 사용할 수 있습니다. 다음을 참고하여 사용자의 운영체제에 맞게 VS 코드를 설치하세요.

1. VS 코드 웹 사이트(code.visualstudio.com)에 접속합니다. Windows x64 전용 설치 프로그램을 내려받습니다.

2. 내려받은 VS 코드 설치 파일을 더블클릭해 실행합니다. [추가 작업 선택] 단계에서는 다음과 같이 체크하고 [다음]을 클릭합니다.

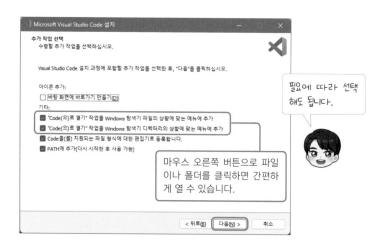

3. 설치를 완료한 VS 코드 프로그램을 마우스 오른쪽 버튼으로 클릭하고 [Code(으)로 열기]를 선택합니다.

4. 다음과 같은 창이 나타나면 코딩할 준비는 끝났습니다.

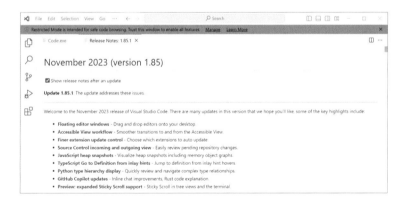

 | ## 컴퓨터가 64비트인지 확인하세요!

요즘 개발 환경에서는 64비트 컴퓨터를 주로 사용합니다. 컴퓨터가 64비트인지 확인하는 방법을 알아보겠습니다.

1. 키보드에서 ▪▪를 누르고 검색 창에 '시스템 정보'를 입력해 검색한 후 실행합니다.

2. [시스템 정보]의 [시스템 종류] 항목에서 사용자 아키텍처의 종류를 확인할 수 있습니다.

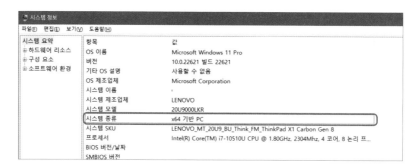

01장이 모두 끝났습니다. 이제부터는 본격적으로 웹 개발 세계로 들어가 보겠습니다.

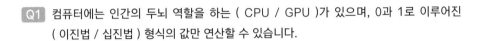

Q1 컴퓨터에는 인간의 두뇌 역할을 하는 (CPU / GPU)가 있으며, 0과 1로 이루어진 (이진법 / 십진법) 형식의 값만 연산할 수 있습니다.

Q2 컴퓨터가 작업을 처리할 수 있도록 구성한 논리적인 명령을 (머신러닝 / 알고리즘)이라고 합니다.

Q3 작업을 요청하는 사용자, 또는 사용자가 활용하는 브라우저와 같은 도구를 (클라이언트 / 호스트)라고 하며, 요청을 받아 작업을 처리하는 역할을 하는 것을 (세이버 / 서버)라고 합니다.

Q4 크롬, 파이어폭스, 엣지 등 인터넷에 접속하여 정보를 얻기 위해 반드시 필요한 소프트웨어는 (웹 사이트 / 웹 브라우저)입니다.

정답 256쪽

02

웹을 구성하는 뼈대,
HTML

맛집을 찾아보거나 전자제품을 구매할 때 여러분은 어떻게 하나요?

아마도 대부분 웹 브라우저 창을 켜고 검색어를 입력할 것입니다.

그리고 검색이 완료되면 눈앞에 펼쳐진 수많은 정보 가운데 나에게 필요한 것을 클릭하여 살펴보죠.

이러한 정보들이 '웹 브라우저'에 어떻게 표시되는 것인지 궁금하지 않나요?

이번 장에서는 웹 페이지의 정보와 구조를 담당하는 HTML을 알아볼 거예요. 생소한 용어에 겁먹지 말고 차근차근 따라오세요.

책 내용을 이해하고 나면 웹 페이지를 바라보는 시야가 훨씬 넓어질 거예요.

 이 장의 **목표**

- HTML의 구조를 설명할 수 있어요.
- HTML에 기본으로 들어가는 태그를 구분할 수 있어요.
- HTML 태그의 역할을 이해할 수 있어요.
- 개발자 도구를 활용해서 문서 구조를 파악할 수 있어요.

핵심 키워드 HTML, 〈head〉, 〈body〉, 〈input〉, 주석, 개발자 도구

02-1

웹 문서를 구성하는 HTML

워드로 살펴보는 문서 구조

우리가 문서를 작성할 때는 전달하려는 내용에 맞게 제목, 본문, 주석 등 뼈대를 갖추어야 합니다. 컴퓨터로 문서를 작성할 때 흔히 사용하는 프로그램인 MS 워드는 이러한 뼈대를 구성할 수 있도록 스타일 기능을 지원합니다.

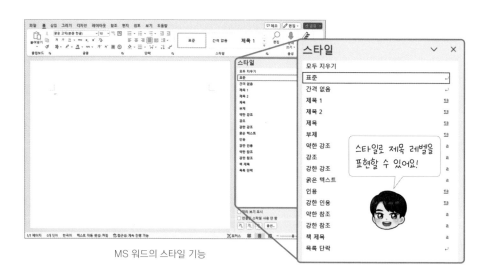

MS 워드의 스타일 기능

HTML 역시 비슷한 방법으로 문서를 구성한다고 생각하면 이해하기 쉽습니다.

```html
<!DOCTYPE html>
<html lang="ko">
<head>
    <meta charset="UTF-8">
    <meta name="viewport" content="width=device-width>
    <title>제목</title>
</head>
<body>

</body>
</html>
```

<>와 </>로 감싸는 것만 확인해 보세요!

처음 보는 단어들에 머리가 지끈거리나요? 아직 이 코드를 모두 이해할 필요는 없습니다. 다만 텍스트를 <>와 </>로 감싸서 역할을 표시한다는 점에 주목해 주세요. HTML을 본격적으로 학습하지 않았더라도 기초 영어만 알면 `<title>`과 `</title>` 사이에 쓴 부분이 제목을 나타낸다는 것은 쉽게 알아차릴 수 있을 것입니다.

HTML이 정확히 뭐예요?

HTML은 **하이퍼텍스트 마크업 언어**HyperText Markup Language의 줄임말입니다. 하이퍼텍스트? 마크업? 단어가 생소해서 줄임말을 풀어 써도 개념과 역할이 무엇인지 이해하기 조금 어려운데요. 다음 예시를 보며 단어별로 하나하나 의미를 살펴보겠습니다.

텍스트를 제목으로 나타내는 <h1> 태그를 사용한 예시입니다!

여는 태그　　　　　　텍스트　　　　　　닫는 태그
`<h1>`조코딩과 함께하는 즐거운 웹 코딩`</h1>`

먼저 **하이퍼텍스트**HyperText는 '다른 페이지로 이동할 수 있는 링크'를 뜻합니다. 웹 페이지의 주소나 이메일 주소 등을 문서 편집기에 입력하면 밑줄이 그어지고 마우스 커서에 손가락 모양이 표시되는데, 이러한 모든 것이 하이퍼텍스트라고 볼 수 있어요. 우리가 웹을 통해 정보를 얻거나 작업을 할 때 보통 한 페이지에서 계속 머무르지 않고 계속 페이지를 이동하죠? 버튼이나 텍스트 등을 클릭하여 페이지를 이동해야 비로소 원하는 정보를 확인할 수 있기 때문입니다.

마크업Markup은 꺾쇠와 요소 이름으로 구성된 태그를 활용하여 텍스트가 어떤 HTML 요소인지 표시하는 것을 뜻합니다. 텍스트 앞쪽의 <> 태그를 **여는 태그**, 뒤쪽의 </> 태그를 **닫는 태그**라고 합니다.

Do it! 실습 ▶ HTML 코드 간단히 작성해 보기

이제 본격적으로 HTML 코드를 작성해 보겠습니다. 01-4절에서 설치한 VS 코드를 활용하면 코드를 손쉽게 작성할 수 있으니, 꼭 먼저 설치하고 진행해 주세요.

1. VS 코드를 실행한 후 [File → Open Folder]를 클릭합니다.

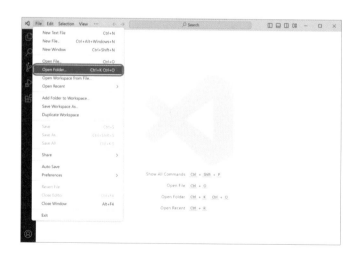

2. 폴더 선택 창에서 C 드라이브로 이동한 후, web이라는 이름으로 새 폴더를 만듭니다. 이어서 [web] 폴더를 선택한 후 [폴더 선택]을 누릅니다.

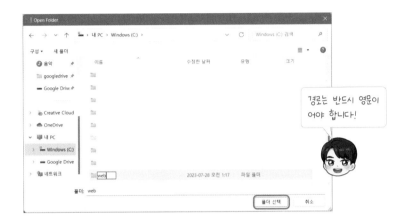

3. 선택한 폴더가 열리기 전에 해당 폴더를 신뢰하는지 여부를 묻는 창이 뜹니다. 체크박스에 체크한 후 [Yes, I trust the authors]를 클릭합니다.

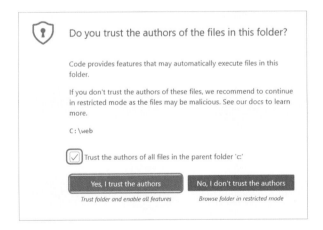

4. HTML 파일을 생성해 보겠습니다. [web] 오른쪽에 표시된 새 파일 생성 아이콘을 클릭한 후 index.html을 입력하고 [Enter]를 누릅니다. 일반적으로 파일은 **[파일명].[확장자]** 형식으로 이루어지며, HTML 파일의 확장자는 .html입니다.

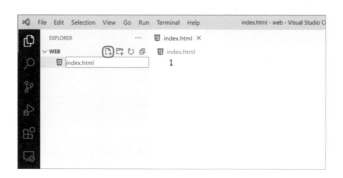

5. 생성한 HTML 파일을 탐색기에서 확인해 보면 다음과 같이 표시됩니다. 만약 탐색기의 메뉴에서 [보기 → 표시 → 파일 확장명]이 체크되어 있지 않으면 .html 이라는 확장자가 표시되지 않아 파일을 식별하는 데에 어려움을 겪을 수 있으니 미리 해당 옵션에 체크해 놓습니다.

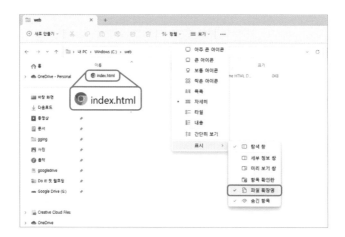

6. VS 코드의 왼쪽에서 확장팩을 뜻하는 벽돌 모양 아이콘 을 클릭하고 live server를 검색하여 [Live Server] 확장팩을 설치합니다.

7. [Live Server] 확장팩 설치를 완료했다면 간단한 HTML 코드를 작성하여 변경 사항이 웹 브라우저에 실시간으로 반영되는지 확인해 볼게요. [index.html] 탭을 눌러 1 옆에 다음과 같이 코드를 입력하고 Ctrl + S를 눌러 저장합니다.

```
<h1>안녕하세요</h1>
```

8. 그다음으로 커서를 파일 내부에 놓고 마우스 오른쪽 버튼을 클릭한 뒤 [Open with Live Server]를 클릭합니다.

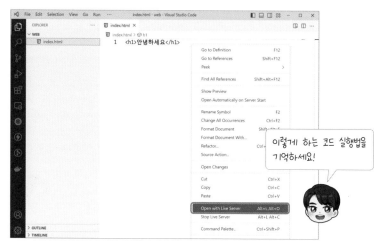

▶ 만약 Windows 보안 경고가 뜨면 [액세스 허용]을 누릅니다.

9. 코드가 정상으로 실행되면 웹 브라우저에서 '안녕하세요'라는 <h1> 요소를 확인할 수 있습니다.

HTML 태그 파헤치기

HTML의 기본 사용법은 알았으니 약간 심화 내용을 배워 볼게요. 앞서 HTML은 웹에서 효과적으로 활용할 수 있도록 '일정한 구조'로 되어 있다고 설명했죠? 다음 예시 코드를 하나씩 파헤치면서 HTML의 구조를 알아보겠습니다.

```html
<!DOCTYPE html>
<html lang="ko">
<head>
    <meta charset="UTF-8">
    <meta name="viewport" content="width=device-width, initial-scale=1.0">
    <title>내 웹사이트입니다.</title>
</head>
<body>
    <h1 class="title">내 웹사이트입니다.</h1>
    <h2>하이</h2>
    <input type="text" value="값입니다.">
    <!-- 이 부분은 실행되지 않습니다. -->
</body>
</html>
```

이 코드를 실행한
결과 화면이에요!

← → C ① 127.0.0.1:5500/index.html

내 웹사이트입니다.

하이

값입니다.

HTML의 구조를 형성하는 태그

태그tag는 마크업 언어에서 문서의 구조를 정의하고 표시하는 데 사용하는 요소입니다. HTML 문서에서는 웹 사이트의 한 줄 한 줄을 구성하는 역할을 하며, <>로 둘러싸서 표시합니다. 각각의 태그가 어떤 역할을 하는지만 알아도 HTML 문서를 봤을 때 '아~ 이래서 이 코드를 썼구나?' 하고 이해할 수 있을 거예요. 태그별로 자세히 살펴보겠습니다.

❶ HTML 문서임을 선언한다! — <!DOCTYPE html>

```
<!DOCTYPE html>
<html lang="ko">
<head>
    ...
</head>
<body>
    ...
</body>
</html>
```

<!DOCTYPE html>은 이 문서가 HTML로 작성되었다는 것을 선언하는 부분으로, HTML 문서의 맨 앞에 위치합니다. 이후 <html>과 </html>이 첫 줄을 제외한 나머지 문서 내용을 전부 감싸고, 다시 그 내부의 <head>···</head>와 <body>···</body>가 각각 여러 개의 태그를 포함하는 형태로 이루어집니다.

<head>와 <body>는 바로 뒤에서 자세히 살펴볼게요.

HTML에서 다른 태그를 감싸는 태그를 '부모 태그', 감싸이는 태그를 '자식 태그'라고 합니다.

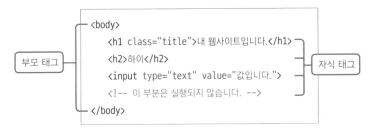

```
<body>
    <h1 class="title">내 웹사이트입니다.</h1>
    <h2>하이</h2>
    <input type="text" value="값입니다.">
    <!-- 이 부분은 실행되지 않습니다. -->
</body>
```

부모 태그 / 자식 태그

태그 한 단위를 주머니와 그 안에 든 사탕에 비유해 볼게요. \<html>이라는 주머니 안에는 \<head> 주머니와 \<body> 주머니가 들어 있습니다. 그리고 \<head> 주머니 안에는 \<title>맛 사탕과 \<meta>맛 사탕이 들어 있고, \<body> 주머니 안에는 \<h1>맛 사탕, \<h2>맛 사탕, \<input>맛 사탕이 들어 있는 것이죠.

각각의 사탕은 자식 태그가 되고, 그 사탕을 담고 있는 \<head> 주머니와 \<body> 주머니는 부모 태그가 됩니다. \<head> 주머니와 \<body> 주머니는 부모 태그인 동시에 \<html> 주머니에 담긴 상태이니 \<html>의 자식 태그가 된다고 생각하면 됩니다.

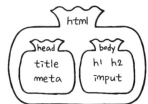

② 어떤 언어로 만들 거야? — \<html lang="ko">

```
<html lang="ko">
```

\<html> 태그 내부에 있는 lang은 HTML 문서가 어떤 언어로 작성되었는지를 설정하는 속성입니다. 내용이 한국어라면 그 값으로 ko를 작성하면 됩니다.

❸ 문서의 기본 정보를 담고 있어 — `<head>`

```
<head>
    <meta charset="UTF-8">
    <meta name="viewport" content="width=device-width, initial-scale=1.0">
    <title>내 웹사이트입니다.</title>
</head>
```

`<head>`는 HTML 문서의 정보나 설정, 외부 리소스 사용 등을 담당하는 태그입니다.

`<title>` 태그는 `<head>` 태그 내부에 작성되어 HTML 문서의 이름표 역할을 합니다. `<title>` 태그에 들어간 이름은 웹 브라우저의 상단 탭에 제목으로 표시됩니다.

`<meta>` 태그는 컴퓨터가 문자를 해석하는 방식인 인코딩, 웹 브라우저 화면에 내용이 표시되는 방식 등 HTML 문서의 '내부 설정을 담당하고 있다'는 정도로만 알아 둡시다.

❹ 브라우저에서 보여 줄 모습을 입력하자! — `<body>`

```
<body>
    <h1 class="title">내 웹사이트입니다.</h1>
    <h2>하이</h2>
    <input type="text" value="값입니다.">
    <!-- 이 부분은 실행되지 않습니다. -->
</body>
```

`<body>`는 실제 웹 브라우저 창에서 표시되는 내용을 담당하는 태그입니다.

`<h1>`은 헤딩^{heading}이라는 태그의 가장 높은 단계를 가리키며, 보통 대제목을 나

타냅니다. <h2>는 <h1>보다 한 단계 낮은 중제목을 가리키고, 이보다 낮은 단계의 제목 태그는 순서대로 <h3>, <h4>, <h5>, <h6>가 있습니다.

예제의 <h1> 태그에는 class라는 속성이 작성되어 있는데, class는 여러 개의 태그를 묶어 한 번에 설정하거나 외부 템플릿을 적용할 때 사용합니다. 이 개념은 03-1절에서 자세히 다룹니다.

⑤ 사용자가 직접 입력하는 칸 — <input>

```
<input type="text" value="값입니다.">
```

<input>은 사용자가 웹 사이트에서 값을 입력할 수 있는 입력 필드를 만들어 주는 태그로, 앞서 봤던 태그들과 달리 닫는 태그가 없습니다. 모든 HTML 요소가 여는 태그와 닫는 태그 이렇게 한 세트로 구성되는 것은 아니라는 것을 명심하세요!

⑥ 설명을 위한 주석 — <!-- -->

```
<!-- 이 부분은 실행되지 않습니다. -->
```

<body> 내부 마지막 줄에 있는 이 부분은 실행되지 않습니다.라는 텍스트는 <!---->라는 문자로 감싸여 있습니다. 웹 브라우저에서 확인해 보면 이 내용은 표시되지 않는데요. 이렇게 코드를 작성해도 동작하지 않도록 하는 것을 '주석^{comment}으로 처리한다'라고 합니다. 코드에 메모를 하거나 테스트할 때 특정 코드가 동작

하지 않도록 할 때 사용합니다. VS 코드에서 주석으로 처리할 코드에 커서를 놓고 단축키 Ctrl + / 를 누르면 해당 줄을 모두 주석 처리할 수 있습니다.

주석은 웹 브라우저에는 표시되지 않지만 크롬 브라우저의 개발자 도구에서 모두 확인할 수 있으므로 비밀번호 등 보안상 민감한 정보는 절대 작성하지 않도록 주의해야 합니다.

맥OS를 사용한다면 Command + / 를 눌러 보세요.

HTML 문서 깔끔하게 관리하기

앞서 부모 태그와 자식 태그의 개념을 살짝 맛봤는데요. HTML 문서가 복잡해질수록 부모-자식 태그의 관계도 복잡해집니다. 따라서 포함 관계를 효과적으로 식별하려면 **들여쓰기**를 잘 활용해야 합니다. 키보드에서 Tab 을 눌러 코드를 적절히 들여 쓰는 습관을 들이는 게 좋고, VS 코드의 빈 부분에서 마우스 오른쪽 버튼을 누르면 나타나는 [Format Document] 기능을 활용해도 됩니다. 이렇게 정리해 두면 코드를 깔끔하게 관리할 수 있습니다. 특히 [Format Document]를 사용하면 부모 태그와 자식 태그를 자동으로 식별해서 들여쓰기를 해주는 등 코드 전체를 설정된 포맷에 따라 알맞은 형태로 배열할 수 있습니다.

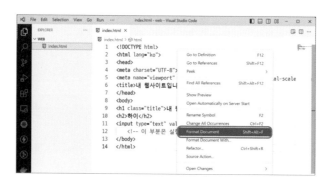

자동 완성 기능 활용하기

지금까지 HTML의 전체 구조와 몇 가지 태그를 살펴보았습니다. 모든 HTML 코드에서 이처럼 기본 구조 코드를 하나하나 작성하려면 매우 비효율적이겠죠? VS 코드의 **자동 완성 기능**을 활용하면 앞의 예시와 같은 코드를 정형화된 구조로 순식간에 입력할 수 있습니다.

HTML 문서에 느낌표(!)를 입력하면 그 아래로 [!]와 [!!!] 두 가지로 자동 완성 목록이 뜨는데, 여기서 [Enter]를 누르면 HTML 기본 구조 코드가 작성됩니다.

▶ 자동 완성 목록은 입력할 가능성이 있는 코드를 보여 줍니다.

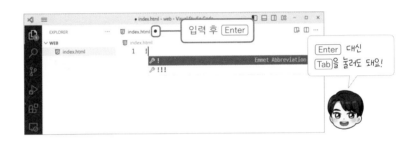

Do it! 실습 ▶ VS 코드로 초간단 웹 사이트 만들기

앞서 살펴본 HTML의 태그를 넣어 아주 간단한 웹 사이트를 만들어 보겠습니다. 이때 수월한 실습을 위해 들여쓰기(또는 Format Document)와 자동 완성 기능을 활용해 보겠습니다.

1. 이번에는 조금 다른 방법으로 문서를 만들어 보겠습니다. 앞선 실습에서 만들어 둔 [web] 폴더로 이동합니다. 빈 화면에서 마우스 오른쪽 버튼을 누른 후 [새로 만들기 → 텍스트 문서]를 선택합니다.

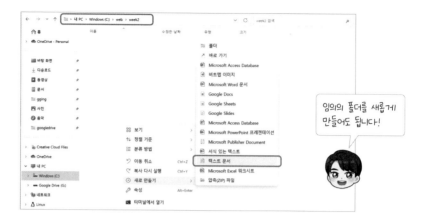

임의의 폴더를 새롭게
만들어도 됩니다!

2. 파일 이름을 index.html이라고 입력합니다. 탐색기의 빈 공간에서 마우스 오른쪽 버튼을 누른 후 [Code(으)로 열기]를 선택합니다.

▶ 윈도우 11을 사용한다면 마우스 오른쪽 버튼을 누른 후 [추가 옵션 표시 → Code(으)로 열기]를 클릭해 주세요.

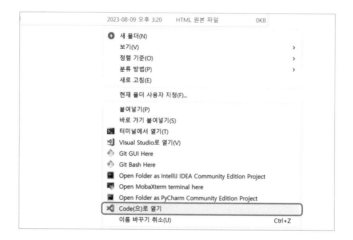

3. 1행 옆에 느낌표(!)를 입력하고 `Enter`를 눌러 하나의 웹 페이지를 만들어 주는 HTML 기본 형식을 불러옵니다.

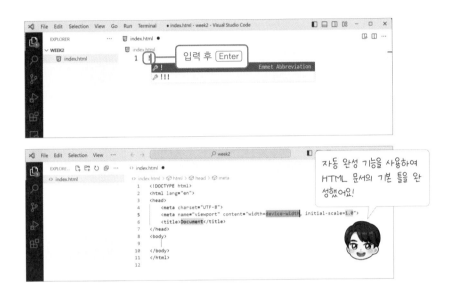

4. 9행 옆, `<body>` 태그 안에 다음과 같이 `<h1>` 요소를 추가하고 `Ctrl` + `S`를 눌러 저장합니다.

```
index.html

(... 생략 ...)
<body>
    <h1>사과</h1>
    <h1>포도</h1>
    <h1>배</h1>
    <h1>딸기</h1>
</body>
</html>
```

5. VS 코드의 빈 부분에서 마우스 오른쪽 버튼을 누른 후 [Open with Live Server]를 클릭합니다. 크롬 브라우저에서 새로운 창이 열리면서 사과, 포도, 배, 딸기라는 글자가 한 줄씩 나타납니다.

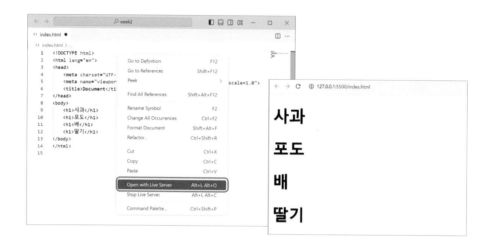

간단한 웹 사이트를 만들어 보았습니다. 아직은 우리가 평소에 보던 웹 사이트가 아니라서 '에계, 겨우 이거야?' 싶을 수 있지만, 이런 식으로 HTML 문서를 작성할 수 있다는 것을 알았다면 실습은 성공입니다.

이어서 구글 웹 사이트를 조작해 보며 포털 사이트의 구성까지 살펴보겠습니다.

Do it! 실습 ▶ 개발자 도구로 웹 페이지 수정해 보기

크롬 브라우저에서 제공하는 '개발자 도구'를 사용하면 HTML 문서가 어떻게 구성되어 있는지 확인할 수 있습니다. 여기서는 구글 화면을 구성하는 HTML 문서의 코드를 살펴볼 거예요. 개발자 도구에서는 웹 사이트에 표시되는 내용을 임시로 바꿀 수도 있습니다. 대표적인 검색 서비스 구글의 메인 페이지 일부를 개발자 도구에서 수정해 보며 각 구성 요소가 어떤 태그로 만들어졌는지 확인해 봅시다.

1. 크롬 브라우저를 실행하여 구글(google.com)에 접속합니다. 웹 브라우저의 빈 부분 위에서 마우스 오른쪽 버튼을 누른 후 [검사]를 클릭합니다.

2. 표시된 크롬 개발자 도구 상단에서 요소 선택기 아이콘 ⬚을 클릭합니다.

3. 화면 왼쪽의 구글 페이지에서 [I'm Feeling Lucky]를 클릭해 보세요. 해당 버튼 요소를 이루는 HTML 코드로 바로 이동합니다.

이처럼 개발자 도구 창의 왼쪽 상단에 있는 커서 모양 아이콘 ⬚을 클릭하면 마우스로 HTML 요소를 선택할 수 있는 상태가 되는데, 이것을 **인스펙터**inspector라고 합니다.

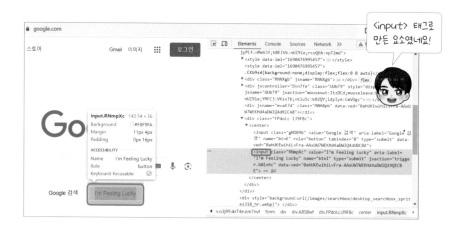

4. <input> 태그 중에서 **value** 속성으로 설정된 I'm Feeling Lucky를 더블클릭하고 값을 Jocoding으로 변경한 뒤 (Enter)를 누릅니다.

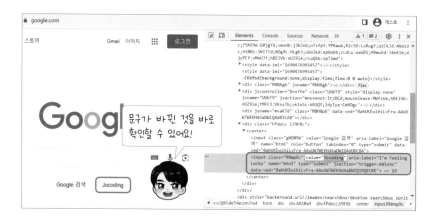

5. 이번에는 구글 로고를 조코딩 이미지로 변경해 보겠습니다. 기존에 코드를 변경하던 창을 그대로 두고 새로운 창을 열어 조코딩을 검색한 후 첫 번째로 조회되는 이미지를 클릭합니다. 이어서 마우스 오른쪽 버튼을 누르고 [이미지 주소 복사]를 클릭합니다.

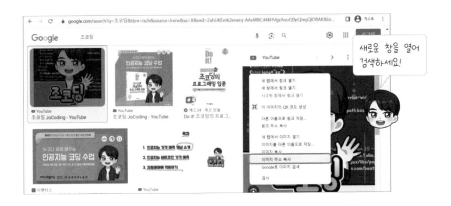

6. 다시 텍스트를 변경한 탭으로 돌아가 요소 선택기 아이콘 ▣을 누르고 구글 로고를 클릭합니다. 이어서 기존의 srcset 속성값을 더블클릭하고 바로 앞에서 복사한 이미지 주소를 붙여 넣습니다.

▶ src는 source의 줄임말로, 이미지·영상 등이 위치한 주소를 가리키는 속성입니다.

7. 작업이 완료되면 구글 메인 페이지에서 변경된 사항을 확인할 수 있습니다.

지금까지 구글 메인 페이지를 간단하게 조작해 보았습니다. 그런데 한 가지 걱정이 되지 않나요? '내가 조작한 내용을 구글을 이용하는 전 세계 사람들이 보면 어떡하지!' 하고 간담이 서늘해지는 분들이 계실 텐데, 결론부터 말씀드리면 안심해도 됩니다. 우리는 구글 서버에서 내 컴퓨터로 내려받은 HTML 문서를 조작했을 뿐, 구글 서버에 있는 HTML 문서를 조작한 것이 아니거든요. 크롬 브라우저의 개발자 도구로 조회·수정한 것은 현재 내 컴퓨터에 존재하는 HTML 문서였으니까요.

웹 페이지의 내용을 입력해 보았으니 이제 웹 페이지를 멋지게 꾸미는 CSS를 배우러 가볼까요?

Q1 HTML은 HyperText (Markup / Makeup) Language의 줄임말로, 웹 페이지의 구조와 내용을 구성하는 데에 사용되는 언어입니다.

Q2 꺾쇠와 요소 이름으로 구성된 태그를 활용하여 사용할 HTML 요소를 텍스트에 적용하는 것을 (마크업 / 마크다운)이라고 합니다.

Q3 HTML 문서의 정보나 설정, 외부 리소스 사용 등을 위해 사용되는 태그는 무엇인가요?

① 〈head〉　　　　② 〈html〉　　　　③ 〈body〉　　　　④ 〈h1〉

Q4 다음 코드 중 표시된 부분이 웹 브라우저에서 표시되지 않도록 코드를 수정하세요.

```
<body>
<h1>조코딩입니다.</h1>
<h2>코딩은 재밌어.</h2>
<h2>코딩은 어려워.</h2>
</body>
```

정답　256쪽

69

03

웹을 나만의 스타일로! CSS

앞에서 학습한 HTML이 뼈대와 내용을 맡고 있다면 CSS는 이 뼈대를 기반으로 웹을 개성 넘치게 꾸며 줍니다.

한글이나 파워포인트처럼 마우스를 사용해 각종 요소의 크기를 조절하고 설정 창에서 색깔을 입히는 것이 아니라, 코드를 사용해야 한다는 점이 처음에는 약간 어색할 수도 있습니다.

하지만 직접 CSS 코드를 작성해서 웹 사이트의 디자인을 원하는 대로 표현하는 멋진 경험, 기대되지 않나요? 지금부터 웹 디자인의 첫발을 내딛어 봅시다.

이 장의
목표

- HTML과 CSS의 관계를 이해할 수 있어요.
- HTML에 CSS를 적용하는 방법을 설명할 수 있어요.
- CSS의 박스 모델을 개발자 도구에서 확인할 수 있어요.
- 구글 웹 사이트를 내 마음대로 조작해 볼 수 있어요.

핵심 키워드 CSS, 클래스, 아이디, 박스 모델, 인라인 요소, 블록 요소

03-1

웹 디자인의 중심, CSS

변신의 귀재, 웹을 디자인하는 CSS

우리가 옷을 어떻게 입느냐에 따라 느낌이 다르듯이 웹 페이지 역시 동일한 HTML로 작성되어 있더라도 어떻게 디자인하는지에 따라 사용자에게 완전히 다른 느낌과 사용자 경험을 줍니다.

한 사람이 스타일링만 다르게 한 모습

HTML에 스타일을 적용하는 데에 활용하는 언어를 CSS^{cascading style sheet}라고 하며, 폰트, 배경색 등 기본 항목부터 3D 효과까지 다양한 설정을 적용할 수 있습니다. 이러한 CSS의 변화무쌍함을 가장 잘 드러내는 예시는 CSS 젠 가든 (csszengarden.com)이라는 웹 사이트에서 확인할 수 있습니다.

HTML은 같아도 CSS에 따라 다르게 디자인할 수 있어요.

CSS 젠 가든 웹 사이트(csszengarden.com)

이렇게 완전히 달라 보이는 웹 페이지가 알고 보면 동일한 HTML로 이루어져 있다니 놀랍죠? 정말로 같은 코드인지 의심된다면 크롬 브라우저에서 마우스 오른쪽 버튼을 누른 후 [페이지 소스 보기]를 선택해 보세요. CSS 젠 가든 웹 사이트를 구성하는 실제 HTML 코드를 확인할 수 있습니다.

실제 HTML 코드를 확인할 수 있어요.

이처럼 HTML 문서를 완전히 달라 보이게 만드는 CSS는 어떻게 적용해야 할까요? 이어서 HTML과 CSS를 연결해 주는 방법을 간단한 예시로 살펴보겠습니다.

HTML과 CSS의 만남

먼저 HTML 요소에 CSS가 연결되는 과정을 간단하게 확인해 보겠습니다. 일단 아주 간단한 HTML 코드를 준비할게요.

과일.html

```
<h1>사과</h1>
```

'사과'라는 텍스트를 대제목으로 하는 <h1> 요소는 웹 브라우저에서 다음과 같은 모습으로 나타납니다.

텍스트에 색 입히기

그렇다면 이 '사과'라는 텍스트에 색을 입히려면 어떤 마법이 필요할까요? 바로 여기서 변신의 귀재 CSS가 등장합니다. 정확한 사용법은 03-2절에서 다룰 예정이니, 지금은 HTML 요소에 CSS 스타일을 어떻게 적용하는지에 집중해 주세요.

과일.html

```
<h1>사과</h1>
```

색상.css

```
h1 {
    color: red;
}
```

웹 브라우저에 나타난 '사과' 텍스트가 빨간색으로 바뀌었습니다. '사과: red'라고 입력한 것도 아닌데, 어떻게 정확하게 '사과'에 적용될 수 있었을까요?

가장 먼저 작성된 h1은 HTML 요소의 이름을 가리킵니다. 일반적으로 CSS를 어디에 적용할지 요소를 선택할 때 대신해서 부를 이름으로 활용하죠. 바로 앞의 HTML 코드에서 <h1>과 </h1> 사이에 '사과'를 입력했죠? 그러면 h1만 써도 '사과'를 가리키는 게 되는 거예요!

h1 = 사과

중괄호({}) 내부에는 CSS 설정을 다양하게 넣을 수 있습니다. 콜론(:) 왼쪽에는 스타일 속성을 입력하고, 오른쪽에는 속성에 적용할 값을 넣으면 됩니다. 예시로 말하자면 color가 스타일 속성, red가 값이 되는 것이죠.

h1인 '사과'의 글자 색상을 빨갛게 하라는 속성: 값 쌍을 작성하고 나면 마지막에 반드시 세미콜론(;)을 입력해야 합니다. 속성: 값 쌍을 추가로 입력하는 경우 세미콜론 뒤에 이어서 작성해 주면 됩니다. 이렇게 '사과'에 적용되는 수많은 CSS 코드는 h1의 중괄호에 감싸입니다.

색상.css

```
h1 {
    color: red;
}
```

이름표를 달아 주자, 클래스

앞에서는 '사과' 하나에만 색을 적용했다면, 이번에는 '사과', '포도', '바나나', '오렌지'로 총 4가지 텍스트에 색을 입혀 보겠습니다.

다음 웹 브라우저에 '사과'와 '포도'는 빨간색으로, '바나나'와 '오렌지'는 황금색으로 나타나고 있네요. 이렇게 텍스트마다 색을 다르게 적용하려면 어떻게 해야 할까요?

추가한 HTML 코드를 하나씩 살펴보겠습니다.

과일.html

```html
<h1 class="red">사과</h1>
<h1 class="red">포도</h1>
<h1 class="gold">바나나</h1>
<h1 class="gold">오렌지</h1>
```

〈과일.html〉에 '사과' 외에 '포도', '바나나', '오렌지'를 대제목으로 하는 h1 요소가 추가되었고, 앞서 보지 못했던 개념인 **클래스**class가 등장했습니다. 우리가 수업을 들을 때 클래스라는 표현을 많이 쓰는데요. 1반 학생들과 2반 학생들이 각각 반을 구

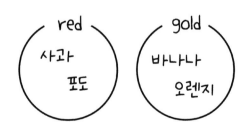

성하는 것처럼, HTML 요소 여러 개를 묶어서 이름표를 붙여 놓은 것이라고 생각하면 됩니다. 사과와 포도는 red라는 클래스로, 바나나와 오렌지는 gold라는 클래스로 묶어 놓은 것이죠.

클래스에 CSS 설정을 적용할 때는 가장 먼저 점(.)을 찍고 바로 뒤에 공백 없이 HTML에서 작성한 클래스 이름을 입력하면 됩니다.

색상.css

```
.red {
    color: red;
}

.gold {
    color: gold;
}
```

.red는 red라는 클래스에 속한 HTML 요소 전체를 선택하는 코드이고, 중괄호 안에 작성한 CSS 코드가 바로 이 요소들에 적용됩니다. 점을 찍지 않으면 HTML 태그의 이름(h1, h2 등)을 기준으로 요소를 선택하므로 CSS 설정이 원하는 대로 적용되지 않을 수 있으니 주의해야 합니다. **.gold** 역시 같은 방식으로 작동합니다.

이번 코드에서 적용한 color 속성은 텍스트의 색상을 변경하는 데에 쓰이며, 빨간색(red)과 황금색(gold)이 클래스별로 선택된 HTML 요소에 적용된다는 걸 알 수 있습니다.

유일한 요소를 구분해 주는 아이디

우리가 포털 사이트나 각종 웹 서비스에서 계정을 생성할 때 가장 먼저 입력하는 것이 바로 ID인데요. 회원 가입을 할 때 ID 중복 여부를 검사하는 버튼을 눌러 본

경험이 있죠? ID는 계정을 유일하게 구분해야 하는 값이므로 중복을 허용하지 않습니다. 마찬가지로 HTML에서도 유일한 요소를 구분하는 데에 **아이디**id 속성을 활용합니다. 하나의 HTML 문서에서 apple이라는 아이디값은 단 한 개의 요소에만 작성해야 하는 것이죠.

이번에는 HTML 코드에서 class 자리를 id로 대신해 보겠습니다. HTML에서 사과와 포도를 묶어 red라는 클래스 이름표를 달아 줬던 것과 달리, CSS에서는 사과에 apple, 포도에 grape라는 아이디 이름표를 각각 달아 주었습니다.

과일.html

```
<h1 id="apple">사과</h1>
<h1 id="grape">포도</h1>
<h1>바나나</h1>
<h1>오렌지</h1>
```

CSS 코드를 작성할 때에는 HTML과 조금 다르게 시작합니다. 특정 아이디가 있는 HTML 요소를 선택할 때는 먼저 '샵(#)' 기호를 입력하고 공백 없이 아이디값을 입력합니다. 이어서 중괄호를 열어 CSS 설정을 작성하고 다시 중괄호를 닫아 주면 됩니다.

색상.css

```
#apple {
    color: red;
}

#grape {
    color: purple;
}
```

'사과'에는 빨간색이, '포도'에는 보라색이 입혀졌습니다. 아이디 값을 정의하지 않고 CSS 코드도 적용하지 않은 '바나나'와 '오렌지'는 기본값인 검은색으로 나타납니다.

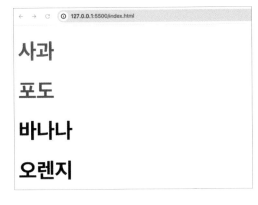

조코딩의 보충 수업 | **컬러 코드는 어떻게 표기하나요?**

컴퓨터에서 활용되는 컬러는 용도에 따라 다양한 형태로 표기할 수 있습니다. 앞서 예제 코드에서 red 등과 같이 영어 단어로 컬러를 적용했던 것 기억나죠? 이는 W3C(The World Wide Web Consortium)라고 하는 웹 표준 기구에서 정한 것입니다. 실제로는 이 컬러명에 대응하는 2가지 코드가 있는데, 바로 헥스(HEX)와 10진수(decimal)입니다.

헥스는 컬러를 구성하는 삼원색인 빨강(red), 초록(green), 파랑(blue)를 각각 16진수로 나타내어 조합한 것입니다. 빨강을 예시로 들면 헥스를 활용한 표기는 #FF0000이며, 영문 표기는 대소문자를 구분하지 않습니다.

10진수는 헥스 표기법에서 #을 빼고 나머지 빨강, 초록, 파랑의 영역을 각각 10진수로 변환하여 쉼표(,)로 연결한 표기법입니다. 빨간색을 10진수로 나타내면 255, 0, 0이 됩니다.

HTML에 CSS를
적용하는 3가지 방법

앞서 HTML과 CSS의 상관관계를 살펴보았습니다. 이제 본격적으로 두 문서를 연결하여 CSS를 HTML에 적용해 보겠습니다. HTML에 CSS를 적용하는 방법은 크게 3가지로 나눌 수 있습니다.

1. CSS 파일 연결	2. ⟨style⟩ 태그 활용	3. 인라인 style 활용

이 3가지 방법으로 CSS를 HTML에 적용해 웹 브라우저에 띄워 보고 차이점과 주의할 점을 확인해 보겠습니다.

Do it! 실습 ▶ CSS 파일 연결하기

HTML 문서에 CSS 문서의 파일명을 입력하면 HTML과 CSS를 연결할 수 있습니다. 개별적으로 CSS 문서를 만들고 03-1절에서 배운 CSS 코드를 입력해 주면 되죠. 02-2절에서 만들어 둔 ⟨index.html⟩에 이어서 작업해 보겠습니다.

1. HTML 문서에 적용할 CSS 파일을 만들어 보겠습니다.

VS 코드 왼쪽의 탐색기 영역에서 상단에 있는 파일 모양 아이콘 🗋을 클릭하여 style.css라는 파일을 만들어 줍니다.

2. 방금 만든 〈style.css〉 파일에 다음 코드를 입력하고 Ctrl + S 를 눌러 저장합니다.

style.css

```css
h1 {
    color: green;
}
```

3. 같은 폴더 내에 HTML과 CSS 파일이 있더라도 설정이 자동으로 적용되지 않습니다. CSS 파일을 HTML에서 불러오려면 연결해 주는 코드를 추가해야 합니다. 다음 형광펜으로 색칠한 코드를 **<head>** 내부에 추가해 보세요.

```
index.html

(... 생략 ...)
<head>
    <meta charset="UTF-8">
    <meta name="viewport" content="width=device-width, initial-scale=1.0">
    <title>Document</title>
    <link rel="stylesheet" href="style.css">
</head>
(... 생략 ...)
```

4. 라이브 서버가 실행되고 있는
웹 브라우저를 열고 F5 를 눌러
새로고침 합니다. 2번 단계에서
입력한 스타일 설정이 적용되어
텍스트에 초록색이 입혀진 것을
볼 수 있습니다.

Do it! 실습 ◀ <style> 태그 활용하기

CSS 파일을 따로 만들어 연결하지 않고 HTML 문서 자체에 <style> 태그를 넣
어 속성을 적용할 수도 있습니다.

1. 앞서 작성한 <link> 태그를 삭제하거나 주석으로 처리한 후 <head> 내부에
<style> … </style>을 입력합니다.

82

index.html

```
(... 생략 ...)
<head>
    <meta charset="UTF-8">
    <meta name="viewport" content="width=device-width, initial-scale=1.0">
    <title>Document</title>
    <style>
    </style>
</head>
(... 생략 ...)
```

2. <style> 태그 내부에 앞의 실습 'CSS 파일 연결하기'의 2번 단계에서 작성한 코드를 그대로 입력해 저장한 후, 웹 브라우저에서 텍스트가 어떻게 변화하는지 확인합니다.

index.html

```
(... 생략 ...)
    <style>
        h1 {
            color: green;
        }
    </style>
(... 생략 ...)
```

이번에도 똑같이 텍스트에 초록색이 적용되었죠?

사과

포도

배

딸기

바로 앞에 실습한 CSS 적용 방법과 똑같은 결과가 나타납니다. 두 방법 모두 <head> 태그와 </head> 태그 내부에 값을 넣었기 때문에 문서 전체에 스타일이 적용됩니다.

Do it! 실습 인라인 style 활용하기

이번에는 '사과' 하나에만 색을 입혀 볼 거예요. HTML 문서에서 '사과가 정의된 <h1> 태그 안에' style 속성을 추가해 색을 지정하면 있는 사과에만 색이 적용됩니다. 이렇게 다른 태그에 감싸여 해당 부분에만 속성이 적용되는 것을 '인라인'이라고 하는데, 인라인 개념은 03-3절에서 자세히 배울 거예요.

1. <head> 태그에 있는 <style> 태그를 삭제합니다. 이어서 CSS를 적용할 HTML 태그에 style이라는 속성을 추가한 후, 그 값을 다음과 같이 입력하고 Ctrl+S를 눌러 저장합니다.

```
index.html

(... 생략 ...)
<body>
    <h1 style="color: red;">사과</h1>
    <h1>포도</h1>
    <h1>배</h1>
    <h1>딸기</h1>
</body>
</html>
```

생략된 <head> 태그 안에 있는 <style> 태그를 꼭 지워 주세요!

2. 작성한 코드가 적용되었는지 웹 브라우저를 새로고침하여 확인합니다. 이 방법이 앞서 실습한 'CSS 파일 연결하기', '<style> 태그 활용하기'와 차이점이 있다면 style 속성을 작성한 요소에 한해 스타일을 적용한다는 것입니다.

▶ 앞의 두 실습은 <head> 태그와 </head> 태그 사이에 스타일 내용을 입력하여 문서 전체에 스타일이 적용됐지만, 이번 실습에서는 <body> 태그와 </body> 태그 사이에 있는 <h1> 태그 내에 <style> 태그를 입력했기 때문에 해당 태그에만 스타일이 적용되었습니다.

84

조코딩의 보충 수업 | CSS 코드는 우선순위가 있어요!

'CSS 파일 연결하기', '<style> 태그 활용하기', '인라인 style 활용하기'라는 3가지 방법으로 CSS를 적용해 보았습니다. 이때 주의할 점이 하나 있는데요. 이것들을 마구잡이로 혼용하거나 일관성 없이 사용해서는 안 된다는 것입니다. 바로 CSS 적용에는 우선순위가 있기 때문입니다. 다음 순서를 잘 살펴봅시다.

!important ➡ 인라인 style ➡ #id ➡ .class ➡ 태그(h1, h2, p, input 등)

!important는 1순위이므로 우선순위를 따져 보지 않고 바로 CSS 설정을 적용할 수 있다는 점에서 간편하지만, 추후 코드를 수정할 때 어느 코드에서 CSS가 적용되는지 파악하기 어렵게 만드는 치명적인 단점이 있습니다. 따라서 !important보다 아이디와 클래스를 적절히 활용하여 CSS를 적용하는 것이 장기적으로는 더 바람직합니다.

좀 더 자세히 알고 싶다면 오른쪽 QR코드를 스캔해 보세요!

CSS 우선순위 살펴보기

03-3

박스 모델로 이해하는 CSS 구조

웹 페이지는 박스로 구성되어 있다!

우리가 보는 웹 페이지를 HTML 요소별로 하나하나 뜯어 보면 마치 테트리스 벽돌이 맞춰져 있는 것처럼 수많은 박스로 이루어져 있습니다. 이미지가 원형이든 나선형이든 CSS에서는 모든 요소를 사각형의 박스로 취급하죠. 이렇게 웹 페이지의 요소들을 사각형의 박스로 취급하는 모델을 **CSS 박스 모델**box model이라고 합니다.

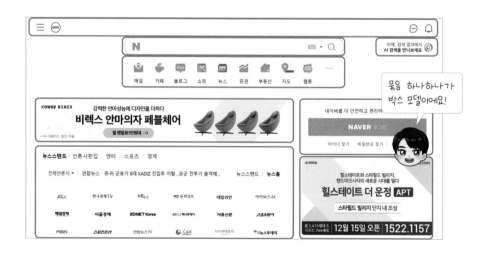

묶음 하나하나가 박스 모델이에요!

박스 모델은 요소의 크기와 위치를 결정하며, 웹 페이지의 레이아웃과 디자인을 구성하는 데 중요한 개념입니다. 다음 그림에서 사각형이 다른 색깔로 여러 층 표시된 것을 볼 수 있는데요. 이는 박스 모델을 구성하는 부분을 각각 나타냅니다.

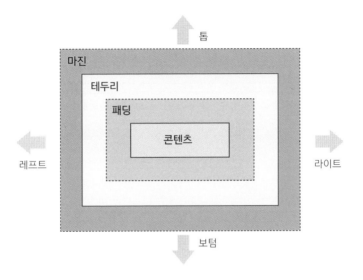

❶ 마진 ― 바깥 여백

마진margin은 하나의 박스 모델인 HTML 요소 사이의 여백으로, 마진이 잡힌 영역은 다른 HTML 요소가 침범할 수 없습니다. 요소 간 배열에서 매우 중요한 역할을 하며, CSS 설정이 원하는 대로 적용되지 않을 때 가장 먼저 검토해야 합니다.

❷ 테두리 ― 너비와 높이를 결정하는 기준

HTML 요소의 크기는 너비를 뜻하는 width와 높이를 뜻하는 height로 결정됩니다. CSS 설정에 따라 콘텐츠의 크기만 해당 요소의 크기로 간주하기도 하지만 보통은 테두리border를 포함하여 크기를 계산합니다. 만약 크기 계산에서 테두리가 빠져 버리면 전체 구성을 할 때 혼동되겠죠?

❸ 패딩 — 테두리와 콘텐츠 사이의 간격

패딩padding은 콘텐츠와 마진의 크기를 변경하지 않으면서 내부 요소의 크기를 조절할 때 많이 활용합니다. 겨울에 입는 패딩 재킷이 몸을 두껍게 둘러싸듯이 웹 사이트에서는 패딩이 콘텐츠를 감싸는 것이죠.

❹ 콘텐츠 — 화면에 보이는 내용

콘텐츠content는 실제 내용 부분을 담당합니다. 앞서 설명한 대로 내용 자체의 크기만 HTML 요소 전체의 크기로 계산할 수도 있으나 일반적으로는 그렇지 않다는 점을 기억해 주세요.　　　　　　　　　▶ 자세한 내용은 91쪽에서 확인할 수 있습니다.

❺ 톱, 보텀, 레프트, 라이트 — HTML 요소의 방향

톱top, 보텀bottom, 레프트left, 라이트right는 HTML 요소가 움직일 방향을 가리킵니다. 요소의 배치를 바꾸거나 테두리의 굵기를 변경할 때 방향을 잘 고려하여 속성값을 설정해야 합니다.

Do it! 실습 ▶ 개발자 도구에서 CSS 적용해 보기

크롬 브라우저의 개발자 도구 창에서는 현재 웹 브라우저에 표시되는 페이지에 한해서 임시로 HTML을 변경하거나 CSS 속성을 적용할 수 있습니다. 동시에 박스 모델을 통해 각 요소의 크기를 확인하는 방법도 알아보겠습니다.

1. 앞서 실습했던 웹 브라우저에서 마우스 오른쪽 버튼을 누른 후 [검사]를 클릭하면 크롬 개발자 도구 창이 표시됩니다.

포도

배

딸기

인라인을 실습한 화면으로 진행해도 상관없습니다!

2. 개발자 도구 창의 왼쪽 상단에 있는 커서 모양 아이콘 을 클릭하여 인스펙터를 활성화합니다. 인스펙터가 활성화되면 특정 요소를 클릭하지 않고 커서를 요소 위에 올려만 두어도 간단한 정보와 함께 박스 모델의 구성 요소인 마진, 테두리, 패딩, 콘텐츠를 색상별로 확인할 수 있습니다. 요소를 클릭하면 어떤 HTML 코드로 작성했는지, 어떤 CSS 속성을 적용했는지 등 세부 정보와 더불어 박스 모델의 모식도를 볼 수 있습니다.

먼저 인스펙터를 활성화한 후 '사과' 텍스트의 <h1> 요소를 선택해 보세요.

3. 웹에 나타나는 사과 부분을 클릭하면 [html], [body] 탭 오른쪽에 [h1] 탭이 활성화됩니다. [h1] 탭을 클릭하면 새로운 필드가 생성되는데, 여기에 원하는 속성과 값을 입력하면 됩니다. 다음 코드를 입력해 보세요.

4. 다음과 같이 <h1> 요소에 테두리가 생겼나요? 선택한 요소인 '사과'에만 테두리가 생길 것이라고 예상했다면 모든 <h1> 요소에 테두리가 생겨 당황할 수도 있습니다. 이는 우리가 CSS 설정을 입력한 곳이 바로 HTML 문서 속 모든 <h1> 요소의 CSS를 변경하는 영역이기 때문입니다.

조코딩의
보충 수업

박스 크기는 어떻게 구할 수 있나요?

[Computed] 탭을 누르면 해당 요소가 어떤 박스 모델 구조로 이루어졌는지, 구성 요소별 크기는 어떻게 되는지 한눈에 볼 수 있습니다. 테두리 영역에 10px이 적용된 것을 바로 확인할 수 있죠.

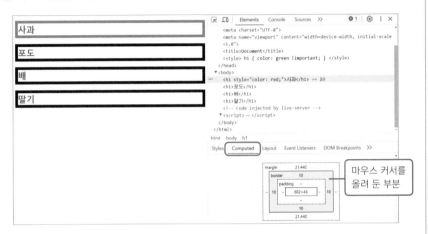

HTML 요소의 크기는 박스 사이징(box-sizing)이라는 CSS 속성으로 설정할 수 있습니다. 전체 구성을 잡는 데에 중요한 설정이므로 보통 초기 설정을 할 때 정합니다. 요소의 크기는 너비(width)와 높이(height)의 값으로 조절하는데 이 수치가 콘텐츠에만 해당하는지, 테두리와 패딩을 포함하는지에 따라 옵션을 다르게 적용합니다.

```
div {
    box-sizing: content-box;
    width: 100px;
    padding: 5px;
}
```

```
div {
    box-sizing: border-box;
    width: 100px;
    padding: 5px;
}
```

요소 크기에 콘텐츠만 고려한 박스 모델

요소 크기에 테두리와 패딩까지
고려한 박스 모델

91

블록 요소와 인라인 요소

웹 페이지 요소 하나하나가 블록 쌓기와 같은 형식으로 이루어졌
다고 했죠? 다음 그림을 보면 파란색 박스가 텍스트의 길이와 상
관없이 한 줄 전체를 차지하고 있습니다. 이렇게 블록을 쌓을 수
있는 요소를 가리켜 말 그대로 **블록**block 요소라고 합니다. 블록 요소에는 대표적
으로 ⟨h1⟩, ⟨p⟩, ⟨div⟩ 태그가 있습니다.

한편 노란색 박스처럼 텍스트(콘텐츠)가 있는 부분만 영역 차지하는 요소를 **인라
인**inline 요소라고 하며, 대표적으로 ⟨a⟩, ⟨img⟩, ⟨span⟩ 태그가 있습니다.

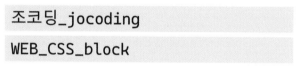

한 줄을 모두 차지하는 블록 요소

해당 영역만 차지하는 인라인 요소

그렇다면 콘텐츠만 영역으로 인지하는 인라인 요소를 그보다 더 큰 영역인 블록
요소가 포함할 순 없을까요? 물론 가능합니다. 사실 인라인 요소는 단독으로 사
용하기보다 블록 요소 내부에 중첩하여 활용하는 경우가 많습니다.

인라인 요소가 블록 요소 안에 포함되어 있는 모습

블록 요소와 인라인 요소의 차이를 좀 더 확실히 이해해 봅시다. 03-2절에서 실습한 코드에 <span> 태그를 추가해 볼게요.

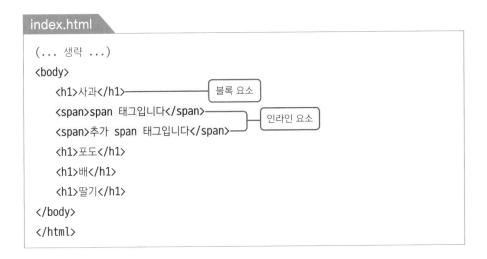

크롬 개발자 도구 창에서도 한번 살펴볼게요. 먼저 **블록** 요소인 <h1> 태그의 박스 모델을 확인해 보면 '사과'라는 짧은 텍스트 이후에도 웹 브라우저 끝까지 영역이 쭉 색칠되어 있습니다.

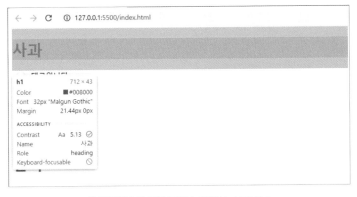

빈 영역까지 한 줄을 통째로 차지하는 블록 요소

반면 **인라인** 요소인 <span> 태그는 기본적으로 콘텐츠가 있는 곳까지만 영역에 해당합니다. 또한 줄을 바꾸지 않으므로 새로운 인라인 요소를 추가해도 아래가 아닌 바로 옆에 표시됩니다.

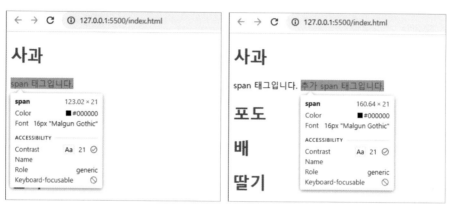

〈span〉 태그를 추가 입력한 결과

이어서 블록 요소와 인라인 요소의 관계를 보충 설명할 수 있는 부모 태그와 자식 태그의 관계를 살펴보겠습니다.

포함 관계는 중첩으로부터!

HTML에서는 요소 간의 포함 관계나 종속 관계에 따라 태그 내부에 다른 태그 요소를 추가할 수 있는데, 이를 **중첩**nesting이라고 합니다. 실습 코드에서 <body> 태그 내부에 <h1>, <span> 태그가 있는 것을 예로 들 수 있습니다.

블록 요소는 또 다른 블록 요소와 인라인 요소를 중첩할 수 있습니다. 반면 인라인 요소는 또 다른 인라인 요소 외에 특별한 몇 가지 경우를 제외하고는 블록 요소를 중첩할 수 없습니다.

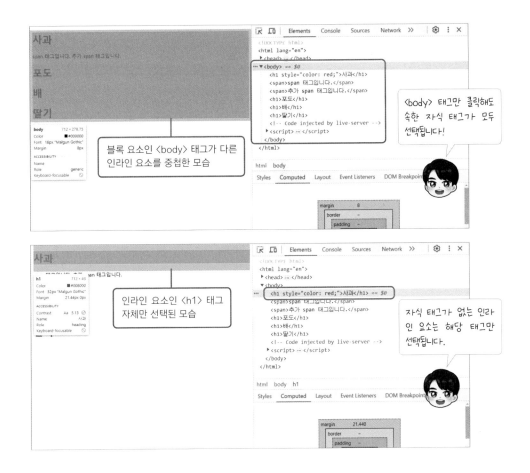

블록 요소인 \<body\> 태그가 다른 인라인 요소를 중첩한 모습

\<body\> 태그만 클릭해도 속한 자식 태그가 모두 선택됩니다!

인라인 요소인 \<h1\> 태그 자체만 선택된 모습

자식 태그가 없는 인라인 요소는 해당 태그만 선택됩니다.

02-1절에서 부모 태그와 자식 태그를 들여쓰기를 사용해서 관리한다고 했습니다. 부모 태그에 중첩된 자식 태그를 한 칸 더 들여쓰는 것이죠.

부모 태그와 자식 태그 개념은 블록 요소의 크기를 정하는 데 매우 중요한 역할을 합니다. 블록 요소는 부모 태그의 너비width만큼 영역을 차지하려는 성질이 있기 때문입니다. \<body\> 태그를 인스펙터로 확인해 보면 712px인데, 그 자식인 \<h1\> 태그의 너비 역시 동일하게 712px입니다. 부모 태그의 너비를 자식 태그가 따라가는 것이죠.

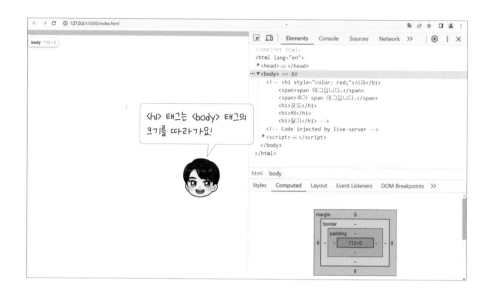

반면 인라인 요소인 <span> 태그는 부모 태그와 상관없이 콘텐츠 너비만큼만 영역을 차지합니다.

높이^{height}는 어떨까요? 높이는 더 쉽습니다. 자식 태그의 높이 합이 곧 부모 태그의 높이가 됩니다. <body>에 아무런 자식 요소나 텍스트가 없다면 영역을 차지할 콘텐츠가 없기 때문에 height는 0이 됩니다.

 복습!
혼자 해보세요! | **피그마로 CSS 이해하기**

피그마를 활용하면 다음과 같은 구글 클론 페이지를 직접 만들며 CSS를 쉽게 이해할 수 있습니다. 자료실에서 PDF를 내려받고 차근차근 따라 해보세요.

피그마로
구글 클론하기

코딩 정복 퀴즈 · 03

Q1 CSS은 Cascading (Style / Setting) Sheet의 줄임말로, HTML에 스타일을 적용하는 언어입니다.

Q2 텍스트에 색깔을 입히는 CSS 속성은 무엇인가요?

① font-color　　② color　　　　③ font-weight　　④ font-size

Q3 여러 HTML 태그를 묶어 CSS 설정을 한 번에 적용할 때 사용하는 HTML 속성은 무엇인가요?

① class　　　　② id　　　　　③ style　　　　④ name

Q4 다음 HTML 문서에서 '바다' 라는 텍스트에 파란색이 적용되도록 CSS 코드를 작성해 보세요(단, 파란색은 blue라는 CSS 색상값을 적용하세요).

자연.html
```
<h1 id="sea">바다</h1>
<h1 id="tree">나무</h1>
<h1>꽃</h1>
```

색상.css
```
#sea {
            :        ;
}
```

98

Q5 CSS 박스 모델에 관하여 다음의 빈 칸을 알맞게 채우세요.

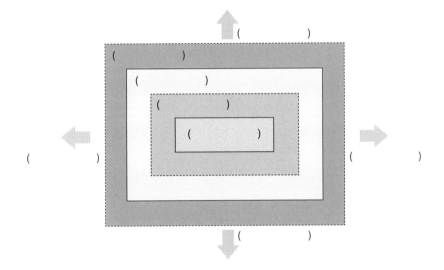

Q6 HTML 요소 크기에 테두리와 패딩까지 고려하도록 하기 위해서 CSS의 box-sizing 속성에 적용할 값은 (border-box / padding-box)입니다.

정답 256쪽

04

**웹에 생명을 불어넣는
자바스크립트**

단순 웹 페이지 화면을 만드는 HTML, CSS와 달리, 자바스크립트는 사용자와 의사
소통하는 역할의 프로그래밍 언어이므로 처음에는 어려움을 느낄 수도 있습니다.
하지만 저와 함께 자바스크립트의 기본 원리와 동작 방식을 이해하고 나면 자바스크
립트를 그 무엇보다도 강력한 코딩 무기로 활용할 수 있습니다.
웹을 구성하는 삼총사인 HTML, CSS, 자바스크립트를 내 것으로 만드는 여정, 함
께 떠나 볼까요?

이 장의
목표

- 변수, 상수, 함수 등 자바스크립트의 기본 요소를 배울 수 있어요.
- 조건문, 반복문과 같은 자바스크립트의 문법을 익힐 수 있어요.
- 웹을 구성하는 요소인 DOM과 BOM을 구분할 수 있어요.
- 웹 페이지 문서를 마음대로 조작해 볼 수 있어요.

핵심 키워드 자바스크립트, 변수, 상수, 함수, 조건문, 반복문, DOM,
BOM

자바스크립트, 네가 궁금해!

자바스크립트, 잠자던 웹을 깨워 줘!

우리가 웹 사이트에 접속하는 이유는 대부분 검색하기 위해서입니다. 구글 검색 창에 '웹코딩'을 입력하면 아래로 목록이 쭉 뜨는 게 보이나요? 웹 브라우저에서 버튼을 클릭하면 화면에 메시지를 띄우는 것, 검색어를 일부만 입력하면 자동으로 검색어가 완성되는 기능 등이 **자바스크립트**JavaScript를 활용한 대표적인 예입니다.

구글 검색 창에 '웹코딩'을 입력하면 나타나는 자동 완성 목록

자바스크립트는 HTML과 CSS로 구성되어 움직임이 없던 웹에 큰 변화를 가져다 주었습니다. 웹 브라우저가 단순히 HTML에 작성된 콘텐츠만 보여 주는 것이 아니라 사용자의 동작에 따라 다양한 반응을 할 수 있게 된 것이죠!

 조코딩의 보충 수업 | ## 자바스크립트, 자바랑 비슷한 건가요?

자바스크립트의 이름에는 재밌는 사연이 있습니다. 자바스크립트를 개발한 넷스케이프(Netscape)는 1995년 웹 브라우저에 동적 기능을 추가하기 위해서 라이브스크립트(LiveScript)라는 언어를 만들었습니다. 그런데 당시 잘나가던 언어인 자바(Java)의 이름을 빌리면 마케팅이 잘 될 거라 생각해서 이름만 자바스크립트로 바꿨다고 해요. 마치 '햄'과 '햄스터', '인도'와 '인도네시아'처럼 '자바'와 '자바스크립트(JavaScript)'도 아무 상관이 없는 언어인 것이죠.
지금까지도 처음 배우는 분들에게 혼란을 일으키고 있지만, 두 언어는 독립적으로 발전을 거듭하며 현재 전 세계 개발자들에게 사랑받고 있습니다.

웹에서 서버, 모바일 앱까지! 자바스크립트를 확장해 주는 다양한 도구

자바스크립트가 처음 등장했을 때에는 개발할 수 있는 영역이 웹 브라우저에 그쳤습니다. 이 단계의 자바스크립트는 대중에게 큰 인기를 끌지 못했는데요. 하지만 자바스크립트를 기반으로 서버 를 개발할 수 있도록 구현된 **노드** 플랫폼의 등장과 프런트엔드 생태계의 확장 등으로 현재는 웹뿐만 아니라 서버, 모바일 앱 등 개발 전체를 아우르는 명실상부 만능 언어로 자리매김했습니다.

그럼 자바스크립트의 활용 범위를 확장해 주는 도구를 살펴보겠습니다.

프런트엔드에서 사용하는 확장 도구의 대표 주자는 페이스북이 개발한 **리액트**
React입니다. 리액트는 2013년 개발된 이래 가장 많이 사랑받는 라이브러리로,
넥스트Next.js 등의 주요 웹 프레임워크에서 차용하고 있습니다. 그 뒤를 잇는 **뷰**
Vue.js는 비슷한 시기인 2014년에 에반 유Evan You가 개발·발표해 리액트 못지 않
은 인기를 끌고 있으며, 마찬가지로 여러 웹 프레임워크와 함께 사용되어 넓은 생
태계를 구축하고 있죠.

백엔드, 즉 서버 역할을 하는 프로그램 역시 자바스크립트로 개발할 수 있습니다.
이는 앞서 말했듯이 **노드**의 등장이 큰 역할을 했는데, 웹 브라우저가 아닌 환경에
서도 자바스크립트를 사용할 수 있는 엔진을 제공한 것이죠. 그 덕분에 운영체제
(OS)나 기타 의존성을 제약받지 않고 웹을 손쉽게 개발할 수 있게 되었습니다. 지
금 이 순간에도 전 세계에서 노드를 활용한 여러 라이브러리와
프레임워크가 개발되어 사용되고 있습니다.

노드는 06장에서
자세히 다룰게요!

또한 안드로이드/아이폰 **모바일 앱**을 한 번에 제작할 수 있는
리액트 네이티브 React Native, PC 응용 프로그램을 개발할 수 있
는 **일렉트론**Electron 등 응용 범위가 무궁무진합니다. 즉, 자바스크립트 하나만 배
워 놓으면 웹과 앱을 모두 개발할 수 있습니다. 엄청나지 않나요? 한눈에 알아보
기 쉽게 정리해 봅시다.

프런트엔드	백엔드	모바일 앱	PC 응용 프로그램
리액트/뷰	노드	리액트 네이티브	일렉트론

분야별 웹 프레임워크

프로그래밍을 위한
자바스크립트 문법 4가지

프로그래밍의 기본 구조

01-1절에서 혼자 끄적여 봤을 라면 끓이기 알고리즘, 기억하나요? 먼저 다음 순서도를 보며 자바스크립트를 배우기 전 프로그래밍 언어가 어떤 일을 할 수 있는지 먼저 짚고 넘어가겠습니다.

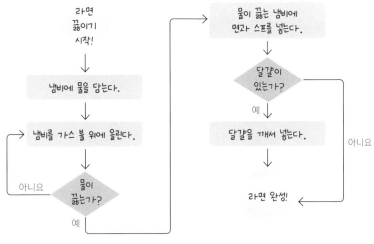

'라면 끓이기' 알고리즘 순서도 예시

순서도는 우리가 일상에서 라면을 끓여 먹는 과정을 단계로 나눠 표현했어요. 단계를 넘어갈 땐 상황이 조건에 맞아야 하죠. 샌드위치 코딩처럼 알고리즘을 설명하느라 간략히 표현했을 뿐, 단계를 더 세세하게 쪼갤 수도 있고 경우에 따른 조건도 여러 개 설정할 수 있어요. 특정 조건을 만족하지 않으면 해당 단계의 업무를 계속 반복하기도 합니다. 프로그래밍 언어는 이러한 순서도의 각 단계를 컴퓨터가 처리할 수 있도록 개발되었습니다. 지금 배울 자바스크립트뿐 아니라 파이썬, 자바, C 등도 이러한 역할을 수행합니다.

여기서 잠깐 퀴즈를 내볼게요. 앞에서 배운 HTML과 CSS는 프로그래밍 언어일까요? 정답은 '아니다'입니다. HTML은 콘텐츠와 구조를 잡는 마크업 언어, CSS는 HTML의 요소를 꾸며 주는 스타일시트 언어인데요. 이 둘은 정적인 정보와 스타일을 담당할 뿐 동작에 관여하지 않으므로 그 자체로는 순서도의 흐름을 나타낼 수 없습니다. 즉, HTML과 CSS는 다음 4가지 요건을 갖추지 못했기 때문에 프로그래밍 언어라고 하지 않는 것입니다.

1. 변수	2. 함수	3. 조건문	4. 반복문

크롬 브라우저의 개발자 도구를 활용하여 변수(상수 포함)와 함수를 직접 입력해 보고, 조건문과 반복문의 개념은 비유를 통해 정리해 보겠습니다. 이 4가지만 알아도 기본 프로그램을 만들 수 있어요!

데이터를 담는 상자, 변수

변수(variables, 變數)는 영어나 한자어에서 유추할 수 있듯이 '변할 수 있는 값'이라는 의미입니다. 라면을 끓이려면 재료인 라면과 물이 필요하죠. 여기에서 그치는 것이 아니라 라면은 어떤 종류를 몇 개 끓일지, 물의 양은 얼마나 필요한지 등 다양한 데이터가 추가로 필요합니다. 그리고 먹을 사람이 늘어서 라면의 개수를 추가하거나 물이 끓어 증발하기 때문에 물의 양을 더 늘려 줘야 할 수도 있죠.

먹을 사람이 2명이면 라면을 2개 끓인다!

먹을 사람이 4명이면 라면을 4개 끓인다!

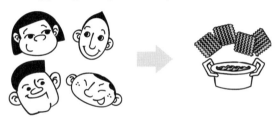

변수 선언하기

이처럼 상황에 따라 요소의 값이 변하는 경우 프로그래밍에서는 '변수'라는 개념을 사용합니다. 그리고 그 값을 활용하려면 휘발되지 않도록 어딘가에 담아 두어야 하는데, 자바스크립트에서 데이터를 담는 상자를 만들고 여기에 이름을 붙이는 작업을 **변수 선언** 또는 **변수 생성**이라고 합니다. 변수뿐만 아니라 112쪽에서 배울 함수도 이러한 과정이 반드시 필요합니다.

자바스크립트는 원래 웹 브라우저를 다루기 위해 태어난 언어라는 것, 기억하나요? 변수를 만들고 데이터를 담는 실습은 크롬 브라우저로 가능합니다. 크롬 브라우저에서 자바스크립트를 사용하면 브라우저를 이루는 여러 구성 요소와 웹 페이지의 내용까지도 조작할 수 있습니다.

실습 준비는 간단합니다. 크롬 브라우저를 새로 열고 오른쪽 상단에 있는 제어 아이콘 ⁝을 클릭한 후 [도구 더보기 → 개발자 도구]를 클릭합니다. 그리고 표시된 창의 상단 바에서 [Console] 탭을 클릭합니다.

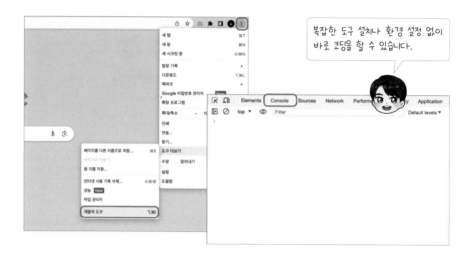

바로 이어서 변수를 선언해 보겠습니다.

먼저 데이터를 담기 위한 상자가 필요합니다. let은 데이터를 담을 상자를 만들어 주는 키워드입니다. 상자를 편하게 부를 수 있도록 a라고 이름을 붙여 주겠습니다. 즉, let에 이어서 공백을 두고 작성하는 a가 이 상자의 이름이 됩니다. 변수 생성에 필요한 정보를 모두 입력했다면 등호(=)를 사용하여 넣고 싶은 데이터를 작성해 주면 됩니다.

이때 변수의 이름은 숫자가 맨 앞에 올 수 없고, 특수 문자는 달러 기호($)와 언더스코어(_)만 사용할 수 있습니다. 하이픈(-)은 사용할 수 없다는 점도 알아 두세요.

//로 시작하는 부분을 제외한 코드를 [Console] 탭에 한 줄씩 입력해 보세요.

```
// 변수를 만들 때 데이터 넣기
let a = 1;

// 변수를 먼저 만들고 데이터는 나중에 넣기
let a;
a = 1;
```

a라는 변수 상자에 값을 넣어 보았습니다. 데이터는 위 소스와 같이 변수를 만들 때 넣을 수도 있고 나중에 넣을 수도 있습니다. 만약 상자에 다른 값을 넣고 싶다면 어떻게 할까요? a라는 변수의 이름을 작성하고 바꾸고 싶은 값만 등호로 바꿔주면 됩니다. 여기서는 1이라는 데이터 대신 2라는 데이터를 넣어 볼게요.

```
let a = 1;

a = 2;
```

여기서 주의해야 할 점은, 이미 존재하는 변수에 데이터를 다시 넣어 줄 때는 let 키워드를 작성하지 않는다는 것입니다. let a를 아래에 다시 작성하면 동일한 이름의 변수를 또 만들겠다는 의미인데, 하나의 소스 코드 파일에서는 이미 만들어진 변수와 동일한 이름의 변수를 생성할 수 없습니다. 이후에 새로운 변수를 생성한다면 let b, let c, … 등으로 선언할 수 있는 것이죠.

변수를 선언하는 함수 let을 사용해 a와 b라는 변수를 선언하고 그 값을 바꿔 보았습니다. 변수는 언제든 그 값이 바뀔 수 있다는 것까지 알고 넘어가면 됩니다.

변수 비교하기

또, 프로그래밍 언어를 학습할 때 가장 혼동하는 부분이 바로 등호(=)인데요. 수학에서 사용하는 등호와 코딩에서 나타내는 등호의 의미가 다르기 때문입니다. 수학에서는 값이 같다는 의미를 등호 한 개로 표현하지만, 자바스크립트에서는 ==의 형태로 등호를 2개 연달아 작성합니다. 이러한 기호를 조금 어려운 말로 **비교 연산자**라고 하는데요. 일단 값이 같다는 의미를 표현할 수 있다는 것만 기억해 주세요.

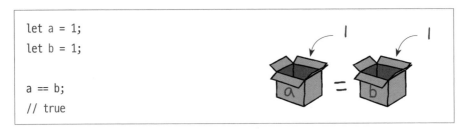

```
let a = 1;
let b = 1;

a == b;
// true
```

크롬 브라우저의 [Console] 탭에 위 코드를 한 줄씩 입력하면 true라는 문구가 표시됩니다. 이는 데이터 상자 a와 b에 담긴 데이터의 값이 같다고 입력한 코드가 참이라는 것을 판별하여 알려 주는 것입니다.

undefined는 새로운 변수를 선언할 때 반환되는 값입니다!

이렇게 변수는 얼마든지 새로 선언할 수 있고 변수에 저장된 값끼리 계산을 하거나 비교할 수도 있습니다. 실습에 사용한 변수 a, b 외에 다른 변수도 선언해 보세요.

라면을 끓일 때 필요한 다양한 데이터를 자바스크립트의 변수 형태로 나타내 보세요.

```
const ramenName = '신라면';                    // 라면 종류

let ramenNum = 3;                             // 라면 종류

                                              // 물 용량(리터)

                                              // 조리 시간

                                              // 치즈 유무

                                              // 계란 유무
```

힌트 변하지 않는 속성은 바로 뒤에서 배울 상수 상자인 const로, 변할 수 있는 속성은 변수 상자인 let으로 선언합니다. 여기서 변하지 않는 건 라면 종류뿐이겠네요! 물 용량은 water, 조리 시간은 boilingTime, 치즈 유무는 hasCheese, 계란 유무는 hasEggs라는 변수 이름을 사용해 보세요!

변하지 않는 값, 상수

다음은 약간 특이한 변수를 알아보겠습니다. 값이 변화하지 않는 변수인 **상수**입니다. 상수를 선언할 때는 **const**를 사용하며, 언제든 값이 바뀔 수 있는 변수 상자 **let**과는 달리 내가 짠 프로그램 안에서 값이 바뀌지 않아야 하는 항목에 활용합니다.

원주율이나 크리스마스 날짜처럼 정해진 값, 또는 상황에 따라 고정해 놓고 사용해야 하는 값이 있다면 const 키워드로 밀봉할 수 있는 데이터 상자를 만든 후 대문자로 이루어진 이름을 붙여 주면 됩니다. 데이터를 넣어 줄 때는 마찬가지로 등호(=)를 사용합니다.

```
const PI = 3.14;
const XMAS = '12/25';
```

데이터를 가공해 주는 자판기, 함수

함수는 수학 시간에 줄곧 들었던 단어일 텐데요. 머리를 지끈거리게 했던 단어가 다시 등장해서 달갑지 않나요? 하지만 코딩에서 함수는 컴퓨터가 처리할 명령의 기본 단위이며, 데이터를 내 마음대로 가공하고 활용할 수 있게 해주는 아주 유용한 도구입니다.

함수 정의하기

함수는 입력된 데이터를 정의된 명령과 순서에 따라 처리하고 그 결과물을 출력합니다. 예를 들어 $f(x)=2x+3$이라는 식은 오른쪽과 같이 나타낼 수 있습니다.

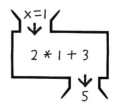

112

자바스크립트로 함수를 표현하려면 먼저 function이라는 키워드를 입력해야 합니다. 변수와 상수가 데이터 상자라면 함수는 원하는 형태로 데이터를 가공해 주는 자판기로 볼 수 있는데요. function이라는 자판기를 만들어 주고 거기에 이름을 붙여 주는 방식으로 함수를 정의할 수 있습니다.

```
// 함수 정의하기
function myFunction(x) {
    let temp = 2 * x + 3;
    return temp;
}

// 함수 실행하기
myFunction(1);
```

temp는 임시 저장소 라는 뜻이에요!

함수를 실행하면 x 자리에 1이 대입되면서 5라는 값이 출력됩니다.

함수의 구조를 자세히 살펴볼게요. 먼저 함수가 동작하려면 기본적으로 어떤 데이터를 입력받아야 하는데 그 데이터를 함수 내부에서 다루려면 변수처럼 이름을 붙여야 합니다. 예시에서는 입력받는 데이터에 x라는 이름표를 붙여 준 것이죠. 그리고 이 데이터는 함수의 이름 옆에 괄호로 넣어 주며, **인자**parameter라고 합니다.

```
function myFunction(x) {
```

이제 함수의 내부로 들어가 봅시다. 함수의 내부에 let 키워드가 쓰인 것 보이나요? 함수 내부에서 사용되는 값은 보통 고정되지 않고 입력되는 값에 따라 변경되고 갱신되므로 '변수'로 생성하여 관리하는 것이 편리합니다.

```
let temp = 2 * x + 3;
```

함수의 마지막은 보통 반환을 뜻하는 return으로 끝납니다. return에 뒤이어 나오는 데이터가 바로 함수를 실행한 결과이기 때문이죠. 이 데이터는 컴퓨터가 다시 활용할 수 있도록 메모리에 저장해서 휘발되지 않도록 합니다. return문을 제대로 사용하지 않으면 복잡하고 어려운 처리를 통해 데이터를 가공했다 하더라도 적절하게 활용할 수 없게 되니 주의해야 합니다.

▶ return은 실행하던 함수를 종료하고 함수의 결괏값을 컴퓨터의 메모리에 반환하여 재사용할 수 있게 하는 명령어입니다.

```
return temp;
```

이처럼 함수를 실행하는 방법은 매우 간단합니다. 함수의 이름을 작성하고 괄호 안에 함수에 입력할 데이터만 넣어 주면 끝이죠. 직접 계산하지 않아도 컴퓨터에게 시키면 되니 수학보다 훨씬 쉽고 간단하죠?

함수 인자 2개 입력받기

함수는 상황에 따라 값을 2개 이상 입력받을 수도 있습니다. 다음 그림은 입력받은 숫자 2개를 더한 값을 출력하는 모습인데요. 데이터 1개를 입력했던 것과 큰 차이는 없습니다.

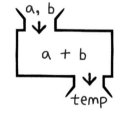

데이터 2개를 입력받기 위해 a, b라는 인자 2개를 쉼표로 구분하여 괄호 안에 작성해 보았습니다. 함수를 정의할 때 입력을 2개 받기로 했다면 실행할 때도 2개

의 입력 데이터를 함수의 이름과 함께 작성해 주어야 합니다. 입력받은 값이 정의
했던 인자의 개수와 일치하지 않으면 오류가 발생합니다.

```
// 함수 정의
function add(a, b) {
    let temp = a + b;
    return temp;
}

// 함수 실행
add(2, 3);
```

함수를 실행할 때 2개의
인자를 넣어야 해요!

조코딩의 보충 수업 │ 입출력이 없는 함수도 있다던데요?

자바스크립트로 입출력이 없는 함수를 하나 만들어 볼까요? greet이라는 이름의 함수
를 만들고 다음과 같이 코드를 작성하면, 함수를 호출할 때 "Hello, world!"라는 문구
를 콘솔에 표시합니다. 단순히 콘솔
창에 메시지를 띄워줄 뿐 컴퓨터에게
는 아무런 값도 전달하지 않는 함수
로, 사용자가 함수에 아무런 값을 입
력하지 않아도 함수가 정상적으로 실
행됩니다.

```
function greet() {
    console.log("Hello, world!");
}

greet();  // 출력: "Hello, world!"
```

인자가 필요하지 않은 함수의 예시

지금까지 함수를 만들고 실행해 보았습니다. 꼭 '코드 묶음'이라는 마법을 부린
것 같지 않나요? 우리가 만들 함수는 가장 작은 단위의 프로그램이라고 할 수 있
습니다. 이 작은 단위의 프로그램이 부리는 마법으로 우리는 언제 어디서든 스마
트폰으로 택시를 잡을 수도 있고 필요한 물건을 살 수 있게 되었어요.

라면 끓이는 과정을 함수로 나타내기

라면 끓이는 과정을 여러 단계로 나누어 함수의 형식으로 나타내어 보세요.

```
function pour(water) {

}      // 냄비에 물 붓기

function addRamenNoodle() {

}      // 끓는 물에 면 넣기


       // 끓는 물에 면 넣기

function boil(cookingMinute) {

}      // 끓이기
```

직접 코드를
작성해 보세요!

```
       // 계란 넣기
```

힌트 인자가 필요하지 않은 함수는 괄호 안에 아무것도 넣지 않아도 됩니다. 라면 수프를 넣는 함수의 이름은 addSeasoning을 사용하세요.

이어서 경우의 수에 따라 함수(프로그램)를 다르게 동작하게 하는 조건문을 알아보겠습니다. 조건문부터는 실습 대신 비유를 들어 개념을 설명합니다.

참과 거짓의 대결, 조건문

우리는 살아가면서 예(Yes)와 아니요(No) 중에 선택해야 하는 수많은 과제에 부딪힙니다. 컴퓨터도 프로그램을 실행하는 매순간 선택의 기로에 놓입니다. 그 선택을 위한 기준(조건)을 바로 코딩하는 우리가 설정할 수 있는데, 이러한 역할을 하는 것이 바로 조건문입니다. 일상생활에서 맞닥뜨릴 수 있는 선택의 순간을 예시로 들어 보겠습니다.

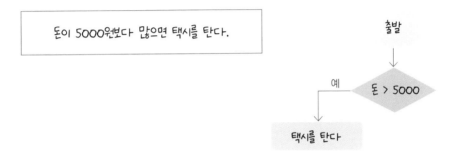

이 순서도를 자바스크립트 조건문으로 표현하면 다음과 같습니다.

```
if (money > 5000) {
    takeTaxi();
}
```

if는 가장 기본적인 조건문 키워드입니다. 자바스크립트 외에 C, C++, 자바, 파이썬에서도 사용하죠. 작성 방법은 언어별로 조금씩 다르지만 기본 구조와 동작 방식은 거의 유사합니다.

if에 이어서 작성하는 괄호는 조건을 나타냅니다. 이 괄호 안에 조건을 적절하게 작성해야 오류가 일어나지 않는 안전한 프로그램이 됩니다. 이 괄호 안의 조건이

117

참이면 중괄호 사이의 코드를 실행하고, 거짓이라면 더 이상 실행하지 않고 if 조건문을 빠져나옵니다. 이렇게 조건문이 종료되면 돈이 5000원 이하인 상황에서는 아무 일도 일어나지 않는데요. 우리가 코딩할 때에는 이렇게 일부 조건뿐만 아니라 **그렇지 않은 경우에는 어떻게 처리할지**를 고민하는 것이 정말 중요합니다. 조건을 좀 더 보완해서 다음과 같이 수정해 보겠습니다.

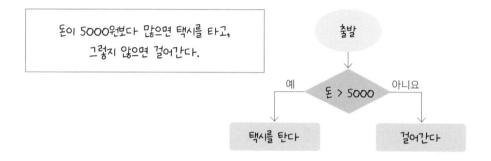

'예'가 아닌 경우에도 실행할 작업이 추가되었습니다. 이것을 코드로 나타내면 다음과 같습니다.

```
if (money > 5000) {
    takeTaxi();
} else {
    walk();
}
```

else는 if 조건문에서 조건이 참이 아닌 경우에 어떤 작업을 수행할지 정하는 역할을 합니다. 가지고 있는 돈이 5000원 이하라면 주어진 조건에 대해 거짓이므로 '걸어간다'라는 의미의 walk() 함수를 실행합니다.

if 조건문을 좀 더 발전시켜 보겠습니다. 보통 조건은 1가지가 아니라 여러 가지인 경우가 많죠. 택시 이외에 버스라는 선택지를 추가하여 다음과 같이 조건을 변경해 보겠습니다.

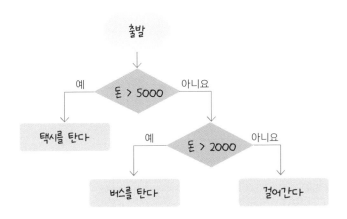

> 돈이 5000원보다 많으면 택시를 타고,
> 2000원보다 많고 5000원보다 적거나 같으면 버스를 탄다.
> 만약 돈이 2000원보다 적거나 같으면 걸어간다.

약간 복잡해 보이나요? 한 단계씩 들여다보면 결국 같은 패턴이라는 것을 알 수 있습니다.

```
if (money > 5000) {
    takeTaxi();
} else if (money > 2000) {
    takeBus();
} else {
    walk();
}
```

if와 else가 결합한 else if는 이전 단계에서 설정한 조건이 거짓일 때 새로운 조건을 설정할 수 있는 키워드로, 반드시 조건을 괄호로 감싸서 작성해야 합니다. if와 else if, else를 활용하면 어떤 경우에도 빈틈없이 처리하는 똑똑한 프로그램을 코딩할 수 있겠죠?

 복습! 혼자 해보세요! | **라면 끓이는 과정을 조건문으로 표현하기**

라면 끓이는 과정을 나타낸 순서도에서 조건문으로 표현할 수 있는 부분을 코드로 작성해 보세요.

```
// 물이 끓으면 면과 스프를 넣는다.
if (waterBoil) {
    addRamenNoodle();
    addSeasoning();
}

// 계란이 있으면 계란을 넣는다.
```

힌트 라면을 끓이는 과정을 나타낸 순서도에서는 '예', '아니요'로 조건을 걸 수 있는 경우가 두 차례 있었습니다. 예시를 보며 차근차근 코드를 작성해 보세요.

여기까지 if 조건문을 알아보았습니다. 마지막으로 동일한 작업을 반복하는 반복문을 다뤄 보겠습니다.

반복 작업은 이제 그만, 반복문

컴퓨터의 등장은 인간의 생활을 거의 모든 면에서 180° 바꾸어 놓았습니다. 우리가 지금 누리는 편리함은 복잡하고 지루한 반복 작업을 짧은 시간에 정확하게 끝내는 컴퓨터의 능력 덕분이라고 할 수 있죠. 귀찮은 반복 작업을 컴퓨터에게 시킬 수 있는 것은 지금 살펴볼 반복문과 크게 연관이 있는데요. 다음 상황을 자바스크립트의 반복문으로 나타내 보겠습니다.

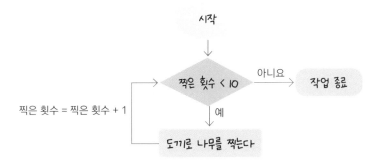

순서도를 보면 도끼로 나무를 10회 찍을 때까지 찍는 횟수가 1씩 증가합니다. 값이 바뀌는 데이터를 다루려면 어떤 것을 사용할지 눈치챘나요? 네, 바로 **변수**입니다. 우선 도끼로 나무를 찍은 횟수를 변수 i로 정의한 다음 코드를 살펴보겠습니다.

```
for (let i = 0; i < 10; i++) {
    console.log("나무 찍은 횟수: " + i);
}
```

여기서 for는 반복문을 구성하는 기본 키워드입니다. for에 이
어지는 괄호 안은 세미콜론(;)을 기준으로 초기식, 조건식, 증
감식이라는 총 3가지 영역으로 구분할 수 있습니다.

다른 언어에서도 for를 사용해 반복문을 구성합니다.

식	종류	설명
let i = 0	초기식	반복문의 조건을 설정하는 변수를 정의합니다.
i < 10	조건식	반복문의 실제 조건을 나타냅니다.
i++	증감식	i = i + 1을 축약한 것으로 변수의 값을 증가/감소시키는 것을 가리킵니다. 값을 2씩 증가시키고 싶다면 i = i + 2라고 작성하면 됩니다.

도끼로 나무를 찍을 때마다 증가하는 i값이 조건식에 부합하면 증감식을 수행하
는 과정을 표로 정리해 보겠습니다.

나무를 찍은 횟수 i	조건식 i < 10에 부합하는가?	증감식 i++를 수행한 결과
i = 0	예	i = 1
i = 1	예	i = 2
i = 2	예	i = 3
…	…	…
i = 9	예	i = 10
i = 10	아니요	반복을 종료합니다.

이 3가지 개념만 잘 이해한다면 for를 활용한 반복문을 자유자재로 작성할 수 있습니다. 반복문 몇 줄로 수십 줄은 물론 수백 줄 이상에 달하는 코드도 대체할 수 있어 코드를 작성하는 시간도 절약하고 코드 오류도 방지할 수 있습니다.

반복되는 여러 상황을 코드로 나타내는 연습을 하다 보면 어느 새 복잡한 프로그램을 만들어 내는 자신을 발견할 수 있을 거예요!

라면 끓이는 과정을 반복문으로 표현하기

라면을 끓이는 과정을 나타낸 순서도에서 반복문으로 표현할 수 있는 부분을 코드로 작성해 보세요.

O O O O O O O O O O O O O O O O O O O

```
// 물이 끓을 때까지 5분 끓인다.


    boil();
}
```

힌트 반복문은 초기식, 조건식, 증감식을 포함하여 작성합니다. 물이 끓는 것을 1분 단위로 확인한다고 가정하고 반복문 코드를 작성해 보세요.

04-3

자바스크립트가
웹 브라우저를 다루는 방식

앞서 자바스크립트의 기초 문법을 다졌으니 이제는 자바스크립트
로 웹 브라우저를 제어하고 활용할 시간입니다. 여기서는 HTML로
작성된 웹 사이트의 내용을 자바스크립트를 활용해 내 맘대로 조작

해 볼 거예요. 그리고 사용자가 클릭하거나 무언가를 입력했을 때 웹 브라우저가 어
떻게 반응하는지 살펴볼 겁니다. 일단 그전에 웹 브라우저와 관련된 새로운 용어
2가지를 소개하겠습니다.

I. DOM   2. BOM

둘 다 처음 들어보는 용어일 거예요. 쉽게 설명하자면 **돔**document object model, 이하
DOM과 **봄**browser object model, 이하 BOM을 합쳐서 웹 브라우저 창을 구성한다고 생각
하면 됩니다. 그리고 그 웹 브라우저 창을 **윈도우**라고 합니다.

DOM + BOM → 웹 브라우저 창 = 윈도우

DOM – 웹 사이트에 접속하면 보이는 모든 것

DOM은 문서 객체 모델이라 하며, 웹 브라우저에서 내용을 표시하는 문서 영역을 가리킵니다.

웹 사이트 화면

03-3절에서 HTML 문서를 부모-자식 구조로 해석한다고 했는데요. 조금 어려울 수 있으니 다시 한번 그림으로 살펴볼게요.

HTML 코드를 DOM 구조로 표현하면 다음과 같습니다. 웹 브라우저가 특정 웹페이지에 접속하면 HTML을 읽어 나가면서 최상위 요소인 도큐먼트document부터 아래로 가지를 뻗어 나가는데, 이러한 구조도를 **DOM 트리**라고 합니다.

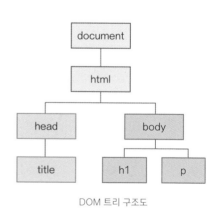

DOM 트리 구조도

BOM – DOM을 제외한 모든 것

브라우저 객체 모델을 의미하는 BOM은 웹 브라우저 창에서 내용 부분을 제외한 모든 구성 요소를 가리킵니다. 쉽게 접할 수 있는 예시로 안내 메시지, 입력 창, 확인 창, 주소 창 등이 있어요. BOM은 웹 브라우저라면 처음 개발할 때부터 당연히 갖춰야 하는 기본 요소의 모음으로, 다양한 방식으로 웹 브라우저를 활용할 수 있도록 요소별로 다른 함수를 사용합니다.

BOM에 해당하는 요소는 어떤 코드로 만들어지는지 다음 예시를 통해 살펴보겠습니다.

알림 창

알림 창은 alert() 함수를 통해 웹 브라우저에서 사용자의 특정 액션에 대한 알림이나 경고 메세지를 나타냅니다.

확인 창

확인 창은 웹 브라우저에서 회원 가입, 페이지 이동 등 사용자의 동의를 구하는 작업에서 [취소], [확인] 등의 버튼을 표시하며, confirm() 함수를 사용합니다.

입력 창

입력 창은 웹 브라우저에서 서비스 작동에 필요한 값을 사용자에게 입력받을 수 있는 창을 말하며, prompt() 함수를 사용합니다.

주소 창

웹 브라우저 주소 창에 써 있는 URL은 location이라는 자바스크립트 객체로 관리됩니다. 사용자는 location에 담긴 정보를 통해 주소 전체 또는 필요한 영역만 추출하여 활용할 수 있습니다.

```
> location
< Location {ancestorOrigins: DOMStringList, href: 'http://www.easyspub.co.kr/Main/pub',
  ▼ origin: 'http://www.easyspub.co.kr', protocol: 'http:', host: 'www.easyspub.co.k
    r', …} ⓘ
    ▶ ancestorOrigins: DOMStringList {length: 0}
    ▶ assign: ƒ assign()
      hash: ""
      host: "www.easyspub.co.kr"
      hostname: "www.easyspub.co.kr"
      href: "http://www.easyspub.co.kr/Main/pub"
      origin: "http://www.easyspub.co.kr"
      pathname: "/Main/pub"
      port: ""
      protocol: "http:"
    ▶ reload: ƒ reload()
    ▶ replace: ƒ replace()
      search: ""
    ▶ toString: ƒ toString()
    ▶ valueOf: ƒ valueOf()
      Symbol(Symbol.toPrimitive): undefined
    ▶ [[Prototype]]: Location
>
```

복습!
혼자 해보세요! | location.href 요소 다뤄 보기

크롬 브라우저에서 개발자 도구 창을 실행한 후 [Console] 탭에서 다음 코드를 각각 입력해 보고 어떤 변화가 있는지 확인해 봅시다.

```
• alert(location.href)
• location.href = 'http://www.easyspub.co.kr'
```

Do it! 실습 ▶ 자바스크립트로 문서 마음대로 조작하기

자바스크립트만으로도 HTML 태그에 텍스트를 추가하거나 CSS 를 적용하는 등 웹 페이지의 문서 영역을 조작할 수 있습니다. 웹 페이지의 요소를 선택하는 함수를 먼저 살펴보고 이어서 내용과 스타일을 수정하는 함수를 알아보겠습니다.

실습을 위해 해당 웹 페이지에 접속한 후 F12를 눌러 개발자 도구로 들어갑니다.

책 정보 주소(www.easyspub.co.kr/20_Menu/BookView/529/PUB)

1. 특정 아이디 선택하기

아이디값은 일반적으로 한 웹 페이지에서 하나의 요소만 가지므로 함수명의
Element에 복수형을 의미하는 s를 붙이지 않습니다. 이 페이지에서는 책 제목인
BOOK_TITLE로는 'Do it! 조코딩의 프로그래밍 입문'이라는 값 하나가 유일하
므로 이 함수를 쓰면 되겠죠? [Console] 탭에서 다음 함수를 입력하고 Enter를
눌러 보세요.

```
document.getElementById('BOOK_TITLE');
```

자동 완성 목록이 나타나면
그중에 선택해도 됩니다!

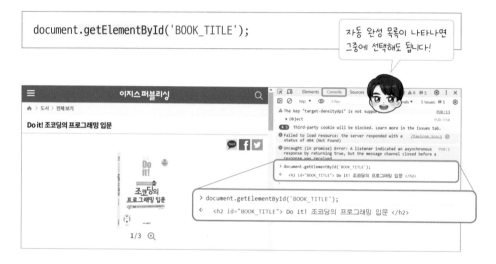

2. 특정 클래스/태그 선택하기

클래스값이 같거나 종류가 같은 HTML 태그는 한 페이지에서 여러 번 쓸 수 있으
므로 함수명 Element의 복수형인 Elements를 사용합니다.

getElementsByClassName 함수와 getElementsByTagName 함수를 사용하면 각각
설정한 클래스값이나 태그명에 해당하는 HTML 요소를 묶어 HTMLCollection
이라는 DOM 요소로 반환합니다.

```
document.getElementsByClassName('BtnSNSLink');
document.getElementsByTagName('dt');                    버튼 + SNS 링크
```

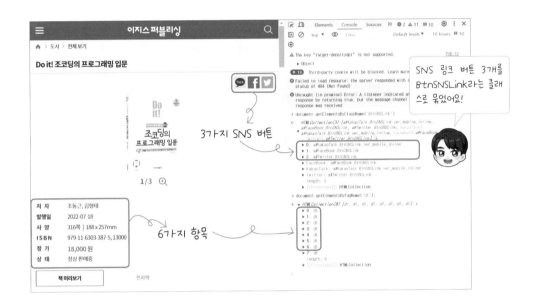

3. CSS에서 HTML 요소 선택하기

querySelector와 querySelectorAll은 CSS 문서에서 HTML 요소를 선택할 때
활용하는 함수입니다. #(id 선택)이나 .(class 선택) 기호를 사용하는 것도 가능합
니다. querySelector는 가장 먼저 탐색한 HTML 요소만 선택할 수 있는 반면,
querySelectorAll은 조건에 맞는 모든 HTML 요소를 선택해 줍니다.
[Console] 탭에서 다음 함수를 하나씩 입력해 보세요.

```
document.querySelector('#BOOK_TITLE');
document.querySelectorAll('.BtnSNSLink');       하나씩 입력해서 결과를
document.querySelectorAll('div');               직접 확인하세요!
```

자바스크립트로 웹 페이지 문서의 HTML 요소를 선택하는 방법을 익혔다면 이제 내용과 스타일을 바꿔 보겠습니다.

4. 문서 내용 바꾸기

innerHTML은 HTML 태그로 감싼 텍스트 부분을 가리킵니다. 자바스크립트로 새로운 데이터를 입력하면 수정하고 싶은 문구로 변경할 수 있습니다.

마찬가지로 [Console] 탭에 다음 코드를 입력하고 Enter 를 누릅니다.

```
let price = document.querySelector('.book_info.price');
price.innerHTML = "$15";
```

문서 내용을 바꾼 웹 페이지 예시

5. 텍스트 색상 바꾸기

style.color는 HTML 요소에 적용한 CSS 속성 중에서 텍스트의 색상을 가리키는 함수입니다. 변경하고 싶은 색상명이나 헥스값을 입력하면 적용됩니다.

이번에도 다음 코드를 입력하고 Enter를 누르세요.

```
let bookTitle = document.querySelector('#BOOK_TITLE');
bookTitle.style.color = "blue";
```

책 제목의 색상을 바꾼 웹 페이지 예시

웹 브라우저에 나타난 웹 페이지의 내용과 스타일을 마음대로 조작할 수 있다니 정말 놀랍죠? 이처럼 자바스크립트 코드를 활용하면 웹 문서를 쉽게 수정할 수 있습니다.

이어서 사용자의 동작에 따라 웹 브라우저가 반응하게끔 설정하는 방법을 알아볼 거예요. 헷갈리는 부분이 있다면 QR코드를 스캔해서 동영상 강의를 함께 보세요.

자바스크립트가 '이벤트'에 대처하는 법

'이벤트' 하면 경품을 주거나 추첨하는 장면이 연상되나요? 자바
스크립트에서 말하는 이벤트는 클릭, 스크롤, 키보드 누르기, 웹
페이지 로딩 등 웹 브라우저에 전달되는 사용자의 행동이나 웹 브
라우저가 처한 상황 등을 통틀어 일컫는 용어입니다. 이벤트 발생에 따라 어떤 작
업을 뒤이어 수행하도록 할지 자바스크립트에서 설정하는 2가지 방법을 살펴보
겠습니다.

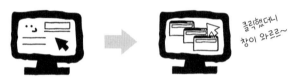

버튼을 클릭했을 때 여러 개의 팝업 창이 나타나는 경우

❶ 인라인 방식 이용하기

인라인inline 방식은 HTML 태그의 속성으로 이벤트를 등록하는 방법으로, HTML
태그에 직관적으로 이벤트를 등록할 수 있어서 편리합니다. 가장 흔하게 볼 수 있
는 온클릭onclick 속성은 해당 HTML 요소를 마우스로 클릭하는 이벤트가 발생했을
때 어떤 작업을 수행할지 설정합니다. 하지만 장기적으로 코드를 관리하려면 HTML
에서 자바스크립트 코드를 분리하는 것이 좋으므로 크게 권장하지 않습니다.

```
<img onclick="alert('Do it! 조코딩의 프로그래밍 입문')"
    src="/upload/BOOK/529/20220708161104685542B.png"
    id="BOOK_IMGURL"
    onerror="this.src='/images/no_imageS.png'"
alt="Do it! 조코딩의 프로그래밍 입문">
```

② 이벤트에 따른 후속 작업 함수 적용하기

addEventListener 함수를 활용하면 HTML을 건드리지 않고 자바스크립트로 이벤트를 등록할 수 있습니다. 앞에서 학습한 HTML 요소 선택 함수와 함께 사용하여 HTML 요소별로 다양한 이벤트를 등록할 수 있으며, 하나의 요소에 여러 개의 이벤트도 등록할 수 있습니다.

```
document.querySelector('.book_img .img_area')
        .addEventListener('click', function (event) {
            alert('Do it! 조코딩의 프로그래밍 입문')
        });
```

책 사진을 클릭하면 알림 창을 띄우는 이벤트를 실행해라!

마우스, 키보드로 명령한 것뿐만 아니라 웹 브라우저에서 일어나는 대부분의 일을 이벤트로 관리할 수 있습니다. 모든 이벤트와 그 함수를 외워서 사용하는 것은 매우 비효율적이므로 기본 원리를 이해하고 이벤트의 종류를 참고할 수 있는 웹 사이트를 활용하는 것이 바람직합니다.

오른쪽 QR코드를 스캔해서 웹 브라우저에서 일어나는 다양한 이벤트를 확인해 보세요!

각종 이벤트
살펴보기

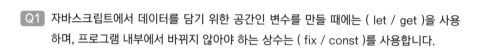

Q1 자바스크립트에서 데이터를 담기 위한 공간인 변수를 만들 때에는 (let / get)을 사용하며, 프로그램 내부에서 바뀌지 않아야 하는 상수는 (fix / const)를 사용합니다.

Q2 다음 중 변수의 이름으로 적절하지 <u>않은</u> 것을 모두 고르세요.

① user   ② user_1   ③ user-1   ④ 1_user

Q3 두 개의 수를 입력받아 곱하는 함수를 정의하세요(단, 함수의 이름은 multiply를 사용합니다).

곱하기.js

```
_____ multiply(a, b) {
            _____ a * b;
};
```

Q4 주사위에서 던져서 나온 수를 담는 변수를 number라고 하고 함수를 다음과 같이 정의했을 때, 주사위에서 숫자 5가 나온 경우 어떤 함수가 실행되는지 고르세요.

주사위.js

```
if (number > 5) {
    ① oneMore();
} else if (number > 3) {
    ② gift();
} else {
    ③ nothing();
}
```

Q5 다음과 같은 자바스크립트 반복문이 주어졌을 때, 아래와 같은 결과가 출력되도록 빈 칸을 채우세요.

입장.js

```
for (let i = 1; i < ___ ; i++) {
    console.log(_____

    _____

    _____ );
};
```

결과

```
1명의 손님이 입장했습니다.
2명의 손님이 입장했습니다.
3명의 손님이 입장했습니다.
...
99명의 손님이 입장했습니다.
100명의 손님이 입장했습니다.
```

정답 256쪽

05

앱끼리 소통하는 규칙,
API

이번 장에서 배울 API는 한마디로 표현하면 데이터를 주고받는 앱 사이의 규칙이라
고 할 수 있습니다. 이 규칙만 잘 지키면 우리가 짠 프로그램으로 데이터를 다른 프
로그램에 손쉽게 넘겨주거나 받을 수 있죠.

여러 웹 서비스에서 볼 수 있는 회원 가입, 결제, 인증, 메시지 전송과 같은 기능 역시
대부분 API로 구현되어 있습니다.

보이지 않는 곳에서 묵묵히 일하고 있는 API, 이번 기회에 확실히 알아볼까요?

이 장의
목표

- API의 원리를 설명할 수 있어요.
- HTTP가 어떤 역할을 하는지 이해할 수 있어요.
- URL 요소의 역할을 구분할 수 있어요.
- 데이터를 요청하는 방식인 CRUD를 각각의 메서드와 연결할 수 있어요.
- 공공데이터포털에서 오픈 API를 활용할 수 있어요.

핵심 키워드 API, HTTP, URL, 프로토콜, 호스트, 경로, 쿼리 문자열, CRUD,
메서드, JSON, 오픈 API, 프라이빗 API

05-1

API, 데이터 교환 규칙

데이터를 주고받는 규칙, API

프런트엔드가 백엔드에게 데이터를 요청할 때는 특정 규칙을 지켜
야 합니다. 바로 이 규칙을 **API**application programming interface라고 하
는데요. 프런트엔드와 백엔드가 어떤 규칙을 가지고 어떻게 소통
하는지 택배를 보내는 상황에 빗대어 보겠습니다.

국내에 있는 친구에게 택배를 부치기 위해 우체국으로 가서
신청서를 작성하는 테이블로 이동합니다.

국내에 택배를 보낼 때 사용하는 서식을 고르고
내용을 정확하게 작성한 후 번호표를 뽑고 순서를 기다립니다.

번호표 순서가 되면 창구로 이동해 신청서와 함께 택배를
접수합니다. 접수가 정상적으로 처리되면 송장 번호를 발급받습니다.

140

절차는 매우 간단하지만 여기서 규칙을 따르지 않으면 택배를 정상적으로 보낼 수 없습니다. 다음 예시는 규칙을 제대로 따르지 않은 경우에 해당합니다.

- **서식을 잘못 선택한 경우**
  - ㉔ 택배를 국내로 보내야 하는데 해외로 보내는 EMS 서식에 내용을 작성
- **유효하지 않은 주소나 우편번호를 작성한 경우**
  - ㉔ 존재하지 않는 주소나 받는 사람의 주소가 아닌 타인의 주소를 작성
- **창구를 잘못 찾은 경우**
  - ㉔ 택배 업무가 아닌 은행 업무를 보는 창구에서 접수

택배를 제대로 보낼 수 없어요!

이렇게 택배를 보낼 때 하나의 규칙만 어겨도 배송이 이루어지지 않는 것처럼 앱 역시 정해진 API를 사용해서 데이터를 요청해야 제대로 된 응답을 받을 수 있습니다. 클라이언트인 손님과 직접 맞닿는 부분인 우체국 창구가 사용자와 서비스의 접점이 되는 프런트엔드의 역할을 하고, 분류·배송·반송 등 우체국 배송 시스템이 서버에 해당합니다. 그리고 배송 기록인 데이터가 축적되면서 데이터베이스를 형성한다고 볼 수 있어요.

우체국 창구	------------	프런트엔드
우체국 배송 시스템	------------	서버
배송 기록	------------	데이터베이스

우리가 웹 브라우저에서 바라보는 프런트엔드 앱 화면에서 API 규칙에 맞게 데이터를 요청(request)하면 서버는 우리가 원하는 데이터를 찾아서 다시 **프런트엔드에 전달**(response, 응답)하거나 **데이터베이스에 저장**합니다. 이렇게 어떠한 앱

이 API를 통해서 데이터 또는 데이터 처리를 요청하는 것을 'API를 호출한다'라고 표현합니다.

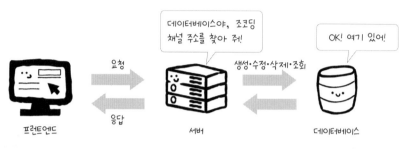

API를 호출한 프런트엔드에게 데이터베이스에서 데이터를 받아 전달하는 서버

이때 API는 요청에 대한 응답을 제이슨JSON 형식으로 제공하는데, 제이슨은 152쪽에서 자세히 다루겠습니다. 그럼 이어서 웹에서는 API를 통해 어떤 방식으로 소통하는지 자세히 살펴봅시다.

</> **복습!**
혼자 해보세요! | 일상에서 요청 및 응답 찾기

실생활에서 접할 수 있는 다양한 형태의 인터페이스에서 우리가 어떻게 요청하고 응답받는지 과정을 서술해 보세요.

힌트 은행, 우체국, 주민 센터, 구청 등의 장소에서 사람들의 요청을 받아 수행해 주곤 합니다.

웹 브라우저와 웹 서버 사이의 API — HTTP

그렇다면 웹 브라우저(프런트엔드)와 웹 서버(백엔드)가 소통할 때는 어떤 종류의 API를 사용할까요? 바로 여러분이 인터넷을 사용할 때 자주 마주치는 **HTTP**입니다. 웹 브라우저의 주소 창만 봐도 HTTP 또는 HTTPS라는 단어를 쉽게 확인할 수 있습니다.

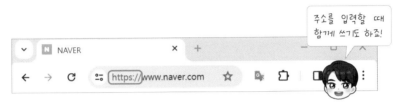

HTTP를 풀어 쓰면 HyperText Transfer Protocol입니다. '하이퍼텍스트 전송 규칙'이라는 우리말 번역도 무슨 뜻인지 알쏭달쏭한데요. 먼저 **프로토콜**protocol은 지켜야 할 '규칙'을 나타내는 용어이고, **트랜스퍼**transfer는 단어 뜻 그대로 '전송'을 의미합니다. 무언가를 요청하거나 응답받으려면 '상호 간에 데이터 전송'이 일어나야 하죠.

마지막으로 **하이퍼텍스트**는 02-1절에서 HTML을 배울 때 살펴본 것처럼 다른 웹 페이지로 이동할 수 있는 링크를 뜻합니다. 인터넷에서 정보를 찾거나 물건을 살 때 한 페이지에서 머무르는 일은 없습니다. 어떤 작업을 하든 여러 페이지를 계속 이동하게 되는데 이러한 장치가 바로 하이퍼텍스트입니다. 페이지 이동을 API의 관점에서 보면 데이터를 요청하는 창구 또는 목적지로 알맞게 찾아가는 것에 비유할 수 있겠네요. 즉, HTTP는 웹에서 요청을 주고받을 때 지켜야 하는 규칙이라고 정리할 수 있습니다.

HTTP 방식으로 웹 서비스에 무언가를 요청할 때에는 기본 형식을 갖추어야 합니다. 이 형식은 **헤더**header와 **본문**body으로 나눌 수 있습니다. 헤더에는 API를 사용할 수 있도록 허가하는 인증 키, 언어, 웹 브라우저의 종류, 사용자 운영체제, 프로토콜 등 여러 정보를 포함하고, 본문에는 HTTP 요청의 종류에 따라 실제 데이터를 구성하는 내용을 담습니다.

HTTP의 기본 형식은 148쪽 CRUD 부분에서 자세히 다룹니다!

헤더	본문
인증 키, 언어, 웹 브라우저의 종류, 사용자 운영체제, 프로토콜 등	실제 데이터 내용

조코딩의 보충 수업 | **HTTP와 HTTPS, 뭐가 다른가요?**

HTTPS는 기존의 HTTP 방식에서 **보안을 강화**하기 위해 SSL(secure sockets layer) 기술을 적용한 것을 가리킵니다. SSL은 HTTP 통신에서 발생하는 요청과 응답을 암호화해서 개인 정보, 카드 번호 및 비밀번호, 계정 정보 등 민감한 정보가 유출되지 않도록 하는 보안 기술입니다. 이 기술을 적용하려면 신뢰할 수 있는 인증 기관으로부터 인증서를 발급받아야 합니다. 발급된 인증서는 사용자의 요청에 디지털 서명을 하는 데에 쓰이며, 이렇게 서명을 통해 암호화된 데이터는 응답을 받는 서버 외에는 원 내용을 확인할 수 없으므로 외부에서 탈취하거나 조작할 수 없습니다.

이어서 HTTP라는 API를 찾아볼 수 있는 URL에 대해 알아보겠습니다.

목적지를 알려줘 — URL

인터넷 세상에서는 목적지를 **URL**uniform resource locator이라는 형식으로 나타냅니다. 우리가 보통 인터넷 주소라고 일컫는 URL은 웹 페이지, API, 동영상, 이미지 등의 리소스가 인터넷 세계 어느 곳에 있는지 나타내는 표준 형식이라고 할 수 있습니다. 우리는 URL을 활용해서 데이터를 요청하곤 하는데요. URL을 좀 더 쉽게 이해하기 위해 구글 검색 창에 '이지스퍼블리싱'을 검색해 볼까요?

실제로 구글에서 키워드를 검색하면 URL이 주소 창에 훨씬 길게 나타나지만, 여기서는 설명을 위해 기타 부분은 생략하고 필요한 부분만 남겼습니다. 그럼 URL에 나타나는 정보를 하나씩 살펴보겠습니다.

웹 서버에 접속한다! — 프로토콜

```
https://www.google.com/search?q=이지스퍼블리싱
```

://로 끝나는 부분을 **프로토콜**이라 하며, 다른 말로 통신 규칙입니다. 위 URL은 보안이 강화된 HTTPS 방식으로 통신하겠다는 뜻이며, 우리가 접속하는 대부분의 웹 사이트 URL은 http(s)://...로 시작합니다. 이는 인터넷 환경에서 사용자가 **웹 서버에 접속하기 위해 정의된 규칙**이 바로 HTTP(S)이기 때문입니다. 이 외에도 파일을 전송할 때 사용하는 파일 서버 접속 프로토콜로 FTP가 있으며, ftp://...와 같은 형식으로 URL을 작성합니다.

웹 사이트로 이동! — 호스트

```
https://www.google.com/search?q=이지스퍼블리싱
```

www.google.com은 우리가 가장 많이 접하는 URL의 **호스트**[host] 부분으로, 인터넷 세상의 주소를 가리킵니다. 웹 브라우저의 주소 창에는 http(s)://를 제외한 호스트 부분만 입력해도 해당 웹 사이트로 이동할 수 있습니다. 이는 웹 서버에 접속하는 규칙이 HTTP(S)로 지정되어 있기 때문입니다.

어떤 서비스를 이용할까? — 경로

```
https://www.google.com/search?q=이지스퍼블리싱
```

호스트 뒤 슬래시로 이어지는 부분은 **경로**[path]입니다. 경로는 호스트의 어떤 서비스인지를 나타내며, 예시에서는 구글의 '검색' 서비스를 이용했기 때문에 search라는 이름으로 접근한 것입니다. 경로는 절대적으로 지정된 것이 아니며 웹 서버를 구성하는 회사 혹은 조직 내부의 규칙에 따라 얼마든지 자유롭게 정할 수 있습니다. search 역시 구글의 웹 서버에 정의된 경로명 중 하나입니다. 여러분이 만약 검색 서비스를 만든다면 경로명을 search뿐 아니라 searchKeyword, searchResult 등으로도 설정할 수 있어요.

여러 온라인 서비스를 이용하다 보면 호스트 뒤 경로에 자주 사용하는 단어를 몇 가지 볼 수 있는데, 인증을 뜻하는 auth, 주문을 뜻하는 checkout/order, 회원을 뜻하는 user 등이 대표적입니다.

원하는 걸 말해 봐! — 쿼리 문자열

```
https://www.google.com/search?q=이지스퍼블리싱
```

경로 뒤 물음표(?)로 시작하는 부분을 **쿼리 문자열**query string이라고 합니다. 쿼리라는 단어가 다소 낯설게 느껴지나요? 쿼리는 '질의' 또는 '검색'을 의미하는데 우리가 웹 서버에 요청할 정보의 조건을 담고 있습니다. 여기서 조건의 이름을 **키**key라고 하며, 등호(=)로 할당되는 부분을 **값**value이라고 합니다. 구글 웹 서버에서는 검색어를 의미하는 조건의 이름으로 q를 설정했기 때문에 **q=이지스퍼블리싱**이라고 하면 '이지스퍼블리싱'의 검색 결과를 요청하는 것입니다.

구글 검색 화면의 [동영상] 탭과 [뉴스] 탭을 눌렀을 때 다음과 같은 URL을 볼 수 있습니다.

```
                                                    동영상
https://www.google.com/search?q=이지스퍼블리싱&tbm=vid
https://www.google.com/search?q=이지스퍼블리싱&tbm=nws
                                                    뉴스
```

쿼리 문자열에 설정할 수 있는 조건을 &로 연결하면 여러 가지 조건을 한 번에 요청할 수 있습니다. 이러한 조건을 처리하려면 조건의 이름에 맞는 값을 처리할 수 있도록 웹 서버가 개발되어 있어야 합니다. 여기서는 구글 웹 서버에서 **tbm**이라는 조건으로 검색 결과의 종류를 필터링하는 것을 확인할 수 있습니다.

앞에서 배운 URL의 각 부분으로 카카오 책 검색 API를 분석해 보세요.

```
https://dapi.kakao.com/v3/search/book?target=title&query=[책제목]
```

힌트 URL의 구성 요소인 프로토콜, 호스트, 경로, 쿼리 문자열로 나누어 보세요.

데이터를 처리하는 4가지 방식, CRUD

어느 웹 서버에, 어떤 서비스를 이용하여, 어떤 조건으로 데이터를 처리할지 등의 정보는 URL 및 헤더와 본문에서 다룹니다. 하지만 우리 눈에 보이지 않는 곳에서 다뤄지는 매우 중요한 요소가 있는데요. 그것은 바로 '데이터를 처리'하는 방식입니다. 데이터를 처리하는 방식은 다음 4가지로 정리할 수 있으며, 각 단어의 앞 글자를 따서 CRUD라고 합니다.

Create	Read	Update	Delete / Destroy
생성	조회	수정	삭제

CRUD 작업을 처리하려면 요청의 종류를 지정하는 **HTTP 요청 메서드**method가 필요한데요. HTTP에서 각각의 동작을 의미하는 메서드의 이름을 다음과 같이

지정했습니다. 앞서 택배를 받아 송장 정보를 저장하는
과정에 비유한 백엔드 서버와 데이터베이스의 상호작용
방식이 바로 이것입니다.

> 메서드란 요청의 목적, 종류를
> 알리는 수단이에요!

데이터 처리 방식	Create	Read	Update	Delete/Destroy
메서드	POST	GET	PUT/PATCH	DELETE

▶ 보통 CRUD라고 부르지만 일반적으로 4가지 메서드 중 가장 기본 방식인 GET을 먼저 설명합니다. GET과 POST 순서를 유념하며 이해해 주세요.

웹에서 동작을 하게 도와주는 GET, POST, PUT/PATCH, DELETE를 알아봅시
다. 자바스크립트 코드에서 이 4가지 메서드를 입력해 앱이 어떤 방식으로 데이
터를 처리할지 정할 수 있습니다.

데이터를 조회하는 메서드, GET

GET은 URL의 쿼리 문자열을 통해 데이터를 **조회**하는 메서드입니다. 검색을 하
거나 상품의 상세 페이지 등에 접속할 때, 웹 사이트에 로그인하는 등의 상황에
사용합니다.

> 이 아이디와 비밀번
> 호로 가입된 계정이
> 있는지 확인해 줘!

회원 조회 요청

회원 정보 전달

> 없어! 새로
> 가입해야 해!

단, GET을 사용하면 조건이 URL에 노출되므로 민감한 정보를 담는 경우 사용하
지 않습니다. 더불어 웹 브라우저마다 URL 길이에 제한을 두고 있어 크기가 큰
데이터를 다루는 데에도 적합하지 않습니다.

주소 창에 URL을 검색해서 조코딩 유튜브 채널에 들어간 예시

데이터를 생성하는 메서드, POST

POST는 요청 본문에 데이터의 정보를 담아 웹 서버에 전송하여 데이터를 **생성**하는 메서드입니다. GET과 달리 URL에 데
이터가 그대로 드러나지 않아 보안에 취약
하지 않습니다. 웹 사이트에서 회원 가입을
할 때 입력된 회원 정보는 쿼리 문자열이 아
닌 본문에 담겨 새로운 회원 데이터를 생성
합니다. 이 밖에도 상품 주문, 식당 예약, 티
켓 예매 등의 상황에도 POST 메서드가 적
용됩니다.

구글 회원 가입 페이지 화면

데이터를 수정하는 메서드, PUT/PATCH

PUT/PATCH는 데이터를 **수정**하는 메서드입니다. 수정할 데이터는 POST와 마찬가지로 요청 본문에 담깁니다. 엄밀히 따지면 PUT과 PATCH 사이에는 수정 방식의 차이가 있지만, 지금 단계에서는 수정 작업을 수행하는 메서드 정도로 확인하고 넘어가겠습니다.

데이터를 지우는 메서드, DELETE

DELETE는 데이터를 **삭제**하는 메서드이며, GET과 같이 주소에 대상 데이터를 특정할 수 있는 정보가 포함됩니다.

데이터 요청을 처리하는 방식인 CRUD 개념은 웹 서비스를 이루는 근간이므로 웹 개발을 학습하는 과정에서 떼어 놓을 수 없을 만큼 중요합니다. 조금 어려울 수 있지만 시간과 노력을 들여 익숙해지는 단계가 필요합니다.

데이터를 담는 형식, 제이슨

앞서 서버가 API를 통해 응답할 때 제이슨이라는 형식을 사용한
다고 했습니다. **제이슨**JavaScript Object Notation, JSON은 우리말로
자바스크립트 객체 표기법이며, 자바스크립트의 자료형인 **객체**
object 타입으로 데이터를 나타내는 것을 의미합니다. 사용자와 웹 서버 간에 일어
나는 데이터의 송수신은 대부분 제이슨 형식을 사용합니다.

간단한 예시를 통해 살펴보겠습니다. 다음은 한 사람의 정보가 들어 있는 제이슨
형식의 데이터로, 중괄호({ }) 사이에 **키: 값** 쌍의 형식으로 표현되어 있습니다. 대
괄호([ ])를 활용해 배열을 만들어서 하나의 키에 값을 여러 개 할당할 수도 있습
니다. 생성한 배열 내에 중괄호를 새롭게 열어 자바스크립트 객체 형태의 데이터
를 넣을 수도 있습니다. 이 제이슨 데이터에서 '홍길동'이라는 값을 불러오려면
키에 해당하는 '이름'을 알려달라고 하면 됩니다.

```
1  {
2    "이름": "홍길동",
3    "나이": 55,
4    "성별": "남",
5    "주소": "서울특별시 양천구 목동",
6    "특기": ["검술", "코딩"],
7    "가족관계": {"#": 2, "아버지": "홍판서", "어머니": "춘섬"},
8    "회사": "경기 수원시 팔달구 우만동"
9  }
```

> 특기처럼 값을 여러 개 입력
> 할 땐 대괄호를 사용해요!

제이슨 형식을 찾아볼 수 있는 예시로 카카오의 책 검색 서비스 페이지를 들 수
있습니다. 이 페이지에서는 책의 제목, 저자, 정가, 출판사 등을 검색할 수 있습니
다. 카카오의 책 검색 API를 통해 제이슨 형식의 데이터를 요청하는 URL은 다음
과 같습니다.

```
https://dapi.kakao.com/v3/search/book?target=title&query=[책제목]
```

▶ 위 URL은 참고용이며, 카카오 개발자 포털 사이트에서 별도의 키를 발급받아야 직접 실습할 수 있습니다.

요청이 API에 정상으로 전달되어 처리되면 사용자에게는 다음 형식의 응답 데이터가 반환됩니다.

```
HTTP/1.1 200 OK
Content-Type: application/json;charset=UTF-8
{
  "meta": {
(... 생략 ...)
  },
  "documents": [
    {
      "authors": [
        "기시미 이치로",
        "고가 후미타케"
      ],
(... 생략 ...)
      "sale_price": 13410,
      "status": "정상판매",
      "thumbnail": "https://search1.kakaocdn.net/thumb/R120x174.q85/?
fname=http%3A%2F%2Ft1.daumcdn.net%2Fbook%2Fimage%2F1467038",
      "title": "미움받을 용기",
      "translators": [
        "전경아"
      ],
(... 생략 ...)
  ]
}
```

제목은 '미움받을 용기',
번역자는 '전경아'···

153

05-2

API를 일상에서 활용하는 방법

오픈 API와 프라이빗 API

특정 데이터를 처리하는 기능을 만들어 대중에게 API로 공개해 둔 것을 **오픈 API**라고 합니다. 우리는 API 규칙만 알면 웹, 모바일 등 어떤 환경에서도 해당 기능을 불러와 사용할 수 있죠. API

용도는 각각 다르지만 기본적으로 데이터의 CRUD(생성, 조회, 수정, 삭제)를 처리한다는 점은 같습니다. 많은 회사들이 자사의 데이터를 활용하거나 연동하여 서비스를 만들 수 있도록 API를 공개하여 사람들에게 제공하고 있습니다.

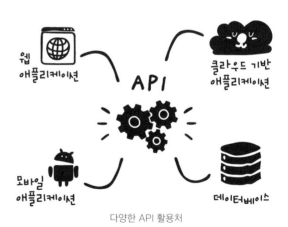

다양한 API 활용처

여러 웹 서비스나 모바일 앱에서도 자주 볼 수 있는 카카오, 네이버, 구글 지도 등이 오픈 API를 사용하는 대표적인 예입니다. 이뿐만 아니라 증권, 쇼핑, 날씨, 환율, 대중교통, 번역 등 여러 유형의 데이터를 다룰 수 있는 API가 대중에게 공개되어 있습니다.

카카오 오픈 API(developers.kakao.com)

쿠팡 오픈 API(developers.coupangcorp.com)

우리가 따로 API를 코딩할 필요 없이 공개된 백엔드의 주소와 사용 규칙만 알면 프런트엔드 화면만 만들어도 오픈 API에 얼마든지 데이터를 요청하고 가져와서 사용할 수 있어요. 복잡한 기능은 이미 만들어진 백엔드 서버에서 처리하고, 알아서 처리된 데이터를 프런트엔드에 불러와 목적에 맞게 사용하는 것이죠.

다만 API 통신을 무제한으로 허용한다면 API가 구축되어 있는 백엔드 서버에 과부하를 주는 등 좋지 않은 영향을 미칠 수 있겠죠? 따라서 API를 제공할 때는 별도의 인증 정보를 서버에 함께 전달하거나 1시간/1일 등으로 호출 횟수를 제한하는 등 여러 안전 장치를 마련해 놓는 경우가 많습니다.

오픈 API가 대중이 활용할 수 있도록 공개된 것이라면 그 반대의 개념도 있는데요. 바로 **프라이빗 API**입니다. 프라이빗 API는 회사나 기관의 내부 시스템에서 업무를 처리하는 용도로 구축한 API를 가리키며, 외부의 인터넷망과 분리하여 격리된 내부의 인트라넷망에서만 작동하도록 설계된 경우입니다. 금융 분야는 보안에 특히 민감하므로 시스템 설계를 법으로 강력하게 규제하고 있습니다.

인트라넷망에서만 작동하는
프라이빗 API

Do it! 실습 ▶ 공공 데이터 활용해 보기

우리의 일상은 데이터와 떼려야 뗄 수 없는 관계라는 것, 느끼고 있나요? 행정안전부는 교통, 날씨 등 생활 분야부터 산업, 교육, 환경, 법률 등 전문 영역의 데이터를 쉽게 활용할 수 있도록 2011년 **공공데이터포털**을 구축했습니다. 분야별로 유용한 API가 공개되면서 공공 데이터를 기반으로 많은 서비스가 탄생했죠. 오늘날 여러분이 쓰는 편리한 서비스의 대부분이 공공 데이터를 기반으로 만들어졌다고 해도 과언이 아닙니다. 이제 저와 함께 공공 데이터를 마음껏 활용해 볼까요?

공공데이터포털 웹 사이트(www.data.go.kr)

사용해 볼 데이터는 한국환경공단에서 제공하는 대기오염 정보입니다. 대기질을 측정하는 측정소 기준으로 다양한 지역의 데이터를 조회할 수 있는 정말 유용한 API입니다. 먼저 공공데이터포털(www.data.go.kr) 웹 사이트에 접속한 후 회원 가입을 해주세요.

1. 검색 창에 '대기오염정보'를 입력하고 '한국환경공단_에어코리아_대기오염정보' 페이지로 이동하여 [활용신청]을 클릭합니다.

2. 신청 페이지의 [활용목적] 항목에서 [웹 사이트 개발]을 선택하고 [상세기능정보 선택] 항목에서 사용하고자 하는 API가 체크되어 있는지 확인합니다. [라이선스 표시] 항목에서 [동의합니다.]에 체크한 후 [활용신청]을 클릭합니다.

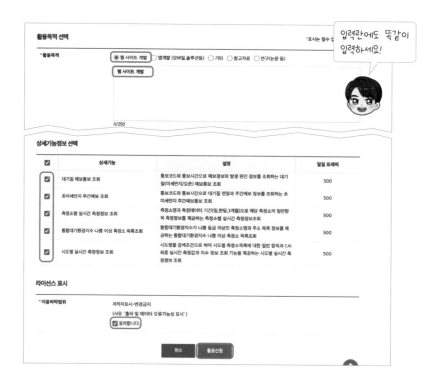

3. [마이페이지 → 데이터 활용 → Open API → 활용신청 현황]에서 신청한 대기오염정보 API가 승인되었음을 확인할 수 있습니다. 개발을 위한 계정은 별도의 심의 과정 없이 바로 승인되며, 트래픽은 1일 500회로 제한됩니다.

4. 승인된 API를 클릭하면 다음과 같이 상세 정보가 조회됩니다. 그중 [서비스정보]의 일반 인증키는 API로 데이터를 조회할 때 사용하는 비밀번호와 같은 역할을 하며, 일반적으로 인코딩^{encoding}값을 사용합니다. 이와 더불어 보안 및 도용 등의 위험을 예방하기 위해 안전하지 않은 환경에 노출되지 않도록 주의해야 합니다.

▶ 인코딩이란 컴퓨터가 읽을 수 있도록 변환하는 것을 말합니다.

5. API 테스트를 위해 크롬 확장 프로그램인 [Talend API Tester - Free Edition]을 설치해 보겠습니다. 크롬 브라우저에서 [⋮ → 확장 프로그램 → Chrome 웹 스토어 방문하기]를 클릭합니다. 크롬 웹 스토어 페이지가 열리면 검색 창에 talend를 입력하고 [Talend API Tester - Free Edition]을 선택합니다.

6. [Chrome에 추가 → 확장 프로그램 추가]를 눌러 설치한 후 퍼즐 조각 모양의 확장 프로그램 아이콘 을 클릭합니다. 이어서 [Talend API Tester]를 클릭하여 실행합니다.

▶ 팝업 화면이 나타나면 [Use Talend API Tester - Free Edition] 버튼을 클릭하면 됩니다.

7. 다음 화면이 나온다면 API를 사용할 준비를 완료한 것입니다.

8. 이제 승인받은 공공데이터포털의 개발 계정으로 API를 호출해 보겠습니다. 다음과 같이 항목별로 값을 입력하고 주소 창 오른쪽에 있는 [Send]를 클릭합니다.

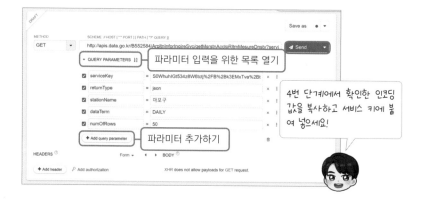

- **METHOD:** GET
- **주소 창:** http://apis.data.go.kr/B552584/ArpltnInforInqireSvc

- **서비스 키(serviceKey):** 일반 인증키(encoding)
- **반환 형식(returnType):** json
- **측정소명(stationName):** 마포구
- **조회 기간(dataTerm):** DAILY
- **조회 결과 수(numOfRows):** 50

[서비스 키]~[조회 결과 수]를 입력하면 [주소 창] 뒷부분이 자동으로 추가됩니다!

9. API가 정상으로 호출되면 하단에 200 OK 문구와 함께 조회된 데이터가 표시됩니다.

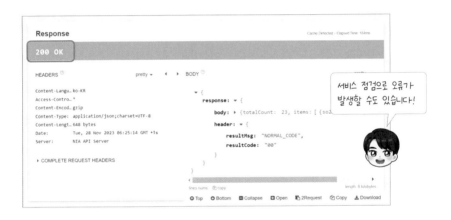

서비스 점검으로 오류가 발생할 수도 있습니다!

이제 우리는 대기오염정보를 가진 API를 웹 사이트 개발에 활용할 수 있습니다. 미세먼지 수치를 확인하는 웹 사이트를 개발해도 좋겠네요! 이처럼 공공데이터 포털에서 조회된 데이터를 응용하면 일상에서 이용할 수 있는 편리한 앱을 손쉽게 개발할 수 있습니다. 최근 가장 주목받은 오픈 API 활용 사례로 코로나19 유행에 따른 마스크 판매 정보 안내 앱이 있습니다. 이 외에도 실시간 교통 정보, 화장품 성분 등 다양한 영역에서 데이터를 활용할 수 있습니다.

Q1 앱과 앱이 서로 요청과 응답을 주고 받으며 데이터를 처리할 수 있도록 만든 규칙, 또는 프로그램을 (API / IP)라고 합니다.

Q2 HTTP로 요청과 응답을 주고받을 때 갖추어야 할 기본 형식에 대하여 알맞은 답을 〈보기〉에서 골라 다음의 빈 칸을 채우세요.

┌─── 보기 ───┐

타이틀   헤더   인트로   본문   콘솔   콘텐츠

- (   ): 인증 정보, 웹 브라우저의 종류, 사용자 운영체제, 프로토콜
- (   ): 실제 데이터 내용

Q3 다음 URL에서 표시한 부분이 가리키는 것은 무엇인가요?

```
https://www.google.com/search?q=이지스퍼블리싱
```

① 프로토콜   ② 호스트   ③ 경로   ④ 쿼리 문자열

Q4 HTTP 메서드와 관련하여 알맞은 답을 〈보기〉에서 골라 다음의 빈칸을 채우세요.

───────── 보기 ─────────

GET   FIND   POST   PUT   SET   ERASE   DELETE

────────────────────────

- (   ): URL의 쿼리 문자열을 통해 데이터를 조회하는 메서드
- (   ): 요청 본문에 데이터의 정보를 담아 웹 서버에 전송하여 데이터를 생성하는 메서드
- (   ): 데이터를 수정할 때 사용하는 메서드
- (   ): 데이터를 삭제하는 메서드

Q5 다음의 조건을 만족하는 제이슨 (JSON) 데이터를 작성하세요.

내용
- 출발지: 서울역   • 도착지: 대전역
- 열차 종류: KTX   • 열차 번호: 075
- 경유역: 서울역, 광명역, 천안아산역, 오송역, 대전역

조건
- 경유역 값은 배열 형태로 표현

```
{
    "출발지": "서울역",



}
```

정답 257쪽

06

노드로 쉽게 구현하는
API 서버

이제는 우리가 직접 API 서버를 구현해 볼 차례입니다.

API 서버를 만들 때에는 04장에서 다루었던 만능 프로그래밍 언어, 자바스크립트를 사용합니다. 단, 우리가 자바스크립트로 서버를 만들려면 노드라는 플랫폼과 서버 구성을 돕는 패키지가 필요합니다. 서버를 이루는 모든 프로그램을 직접 코딩하면 시간도 많이 걸리고 안정된 서버를 구축하는 것도 어렵기 때문이죠.

노드 생태계의 앱 스토어라고 할 수 있는 NPM에서 충분히 검증된 패키지를 활용한다면 코딩 초보자도 견고한 서버를 쉽고 간편하게 구현할 수 있습니다.

그럼 이제 시작해 볼까요?

이 장의 **목표**

- 자바스크립트와 노드의 관계를 설명할 수 있어요.
- VS 코드에서 노드를 실행할 수 있어요.
- 익스프레스를 통해 웹 서버를 구동할 수 있어요.
- 동물 소리 API를 구현할 수 있어요.
- 직접 만든 API를 배포할 수 있어요.

핵심 키워드 노드, 터미널, NPM, IP 주소, 포트, 라우팅, CORS, 깃허브, 클라우드타입

자바스크립트의 밀키트, 노드!

노드, 자바스크립트의 한계를 깨다!

자바스크립트를 개발한 목적과 최초의 용도가 무엇이었
는지 기억하나요? 바로 웹 브라우저를 움직이기 위해서
입니다. 하지만 자바스크립트가 '웹 브라우저'를 다루는

데만 사용할 수 있었다면 지금과 같이 전 세계에 영향력을 끼치는 언어로 성장하
기는 어려웠을 거예요. 대세로 자리 잡은 자바스크립트의 성장 배경에는 바로 **노
드**의 탄생이 있었습니다. 2009년 소프트웨어 개발자 라이언 달Ryan Dahl이 처음
개발한 노드는 웹 브라우저가 아닌 환경에서도 자바스크립트를 실행할 수 있도
록 만들어 주는 실행 환경 플랫폼입니다. 즉, 자바스크립트를 웹 브라우저뿐 아니
라 서버에서도 실행하려면 노드를 반드시 함께 사용해야 합니다.

노드는 윈도우, macOS, 리눅스 등 다양한 운영체제를 지원하고 HTTP 통신을
돕는 라이브러리를 내장하고 있습니다. 또한 노드는 누구나 접근할 수 있는 오픈

소스라서 사용하는 데 큰 제약이 없고, 설치도 간단해서 입문자도 어렵지 않죠. 2023년 글로벌 개발자 커뮤니티 서비스인 스택 오버플로에서 진행한 설문의 웹 프레임워크 부문에서 1위를 차지할 만큼 노드는 전 세계 개발자에게 사랑받고 있기도 합니다.

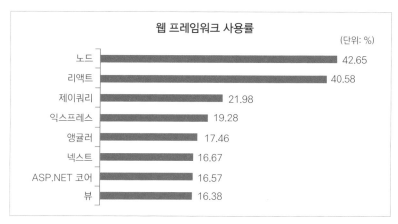

스택 오버플로 웹 사이트에서 진행한 프레임워크 사용률 설문 결과
(survey.stackoverflow.co/2023/#technology-most-popular-technologies)

04장에서는 자바스크립트를 웹 브라우저에서 실행했기 때문에 따로 코드를 입력하는 프로그램을 설치하지 않았습니다. 하지만 자바스크립트를 컴퓨터 또는 서버에서 다루려면 노드를 따로 설치해 줘야 합니다. 06장에서는 컴퓨터에서 자바스크립트를 사용할 것이므로 노드를 설치하겠습니다.

노드를 사용할 때는 **버전**을 반드시 확인해야 합니다. 노드는 6개월에 한 번씩 새로운 버전을 발표하는데, 그중 짝수 버전은 장기 지원을 의미하는 LTS^{long term} support에 해당하며 약 30개월 동안 치명적인 버그 및 보안 결함 관련 업데이트를 보장합니다. 패키지 간의 호환성을 높이고 프로그램을 안정적으로 코딩하려면 현재 기준으로 유지·보수되는 LTS 버전의 노드를 설치하는 것을 권장합니다.

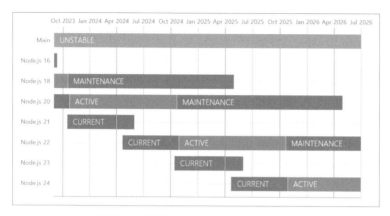

노드 공식 웹 사이트에서 제공하는 버전별 발생 가능 이슈(nodejs.org/en/about/previous-releases)

2024년 5월 기준, LTS는 v22와 v20인데, 기존에 개발되어 있는 패키지와의 안정적인 호환성을 위해 이 책에서는 **v18**을 사용합니다.

Do it! 실습 노드 설치하기

1. 먼저 노드 공식 웹 사이트에 접속합니다. 이전 버전 설치를 위해 [Download] 탭에서 [Prebuilt Installer]에 들어갑니다.

[18.20.2(LTS)]를 선택하고 [Download Node.js v18.20.2]를 클릭합니다.

노드 이전 버전 내려받기(nodejs.org/download)

2. 설치를 완료하면 별도의 과정 없이 노드를 바로 사용할 수 있습니다.

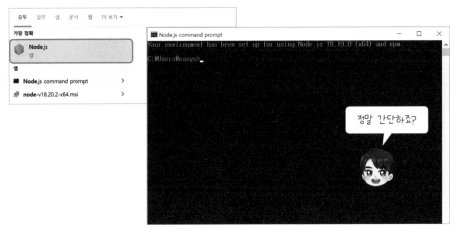

노드 명령 프롬프트를 실행한 화면

컴퓨터와 대화하는 창 – 터미널

컴퓨터에서 프로그램을 실행할 때 가장 먼저 어떤 행동을 하나요? 아마 많은 분들이 바탕화면에 있는 아이콘에 마우스 포인터를 대고 더블클릭하는 모습을 떠올렸을 것 같아요. 그리고 실행한 프로그램에서 버튼을 누르거나 텍스트를 입력하는 등 다양한 작업을 처리하죠.

하지만 노드로 작성된 자바스크립트 프로그램을 실행할 때는 다른 프로그램처럼 아이콘을 클릭하는 등 일반적인 방법을 사용하기 어렵습니다. 그럼 어떻게 해야 하냐구요? 다행히도 노드는 텍스트를 받아들일 수 있어요. 따라서 컴퓨터에게 어떤 프로그램을 실행하게 하거나 명령을 내릴 때 텍스트 명령어를 활용하면 됩니다. 다시 말해 사람과 컴퓨터 사이의 경계에서 이 둘을 소통할 수 있도록 연결하는 역할을 명령어가 하는 것이죠. 그리고 이러한 방식을 **명령 줄 인터페이스** command line interface라고 합니다.

우리가 명령어를 컴퓨터에 입력하면 컴퓨터는 그 명령을 수행한 후 결과 정보를 다시 출력해서 사람에게 전달해 줍니다. 이때 이 명령을 입력하고 프로그램을 실행하는 인터페이스가 바로 **터미널** terminal입니다. 터미널이라고 하면 흔히 버스 터미널을 떠올리는데

터미널 아이콘

요. 역할은 비슷해요. 터미널이 우리가 버스를 탈 수 있도록 매개체 역할을 해주는 것처럼 여기서도 사람과 컴퓨터가 소통할 수 있게 도와주는 것이죠. 즉, 우리가 컴퓨터와 대화하려면 터미널을 어떻게 사용하는지 반드시 알아야 합니다.

터미널을 실행한 화면

코딩으로 프로그램을 처음 개발한다면 컴퓨터에서 터미널을 실행해 본 경험이 아예 없을 것입니다. 어두운 바탕화면에 영어만 잔뜩 나타나는 터미널을 보고 심각한 문제가 발생한 것은 아닐까 덜컥 겁을 먹을 수도 있을 텐데요. 이제는 터미널을 컴퓨터에게 명령을 내리는 또 다른 도구로 친근하게 바라봐 주세요. 앞으로 코딩 공부가 좀 더 재밌게 느껴질 것입니다. 터미널은 윈도우, macOS 등에 기본으로 내장되어 있습니다. 운영체제별로 실행 방법을 한번 살펴볼까요?

운영체제	터미널 실행 방법
윈도우	작업 표시줄의 ▦ 아이콘을 마우스 오른쪽 버튼으로 클릭하고 [터미널]을 선택합니다. 윈도우 10을 사용한다면 [Windows PowerShell]을 선택하세요.
macOS	Command + Spacebar 를 눌러 스폿라이트(Spotlight) 창을 띄운 뒤 '터미널' 또는 'Terminal'을 입력하고 실행합니다.

VS 코드에서도 터미널을 실행할 수 있는데, 다음과 같이 코드를 작성하는 영역의 아래쪽에 위치합니다.

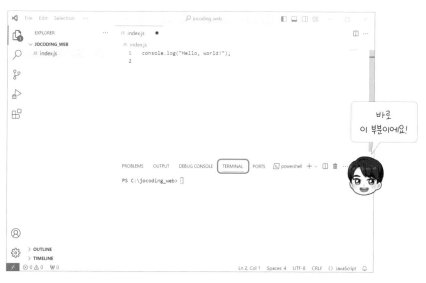

VS 코드에서 제공하는 터미널 공간

여기서 관심 있게 봐야 할 부분은 바로 명령어를 입력하는 **프롬프트**prompt와 그 왼쪽에 나타나는 **경로**입니다. 우리가 파일을 실행할 때 윈도우 탐색기 또는 맥의 파인더를 통해 폴더에 들어가는 것처럼 터미널에 표시되는 경로는 명령어가 실

행되는 위치를 가리킵니다. 만약에 내가 실행하려는 파일이 현재 위치한 경로에
없다면 오류가 발생할 수 있겠죠? 다른 위치의 파일을 실행하는 방법이 있긴 하
지만 일단 터미널의 두려움을 떨쳐 버리는 것부터 시작해 보겠습니다.

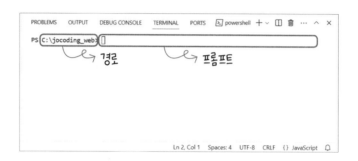

명령어는 운영체제에 따라 다른 부분도 있지만 우리가 이 책의 실습에서 사용할
명령어는 어떤 운영체제에도 사용할 수 있는 노드 관련 명령어이므로 크게 걱정
할 필요가 없습니다. 그럼 이제 본격적으로 노드 프로젝트를 세팅하러 이동해 봅
시다.

Do it! 실습 노드 실행해 보기

노드가 잘 설치되었는지 확인하는 겸 간단한 코드를 작성하고 실행해 보겠습니
다. 먼저 준비 사항으로 다음 프로그램이 컴퓨터에 설치되어 있는지 확인해 주
세요.

• 노드 v18	• 비주얼 스튜디오 코드(VS 코드)

1. 우선 신규 프로젝트를 만들어야 하므로 적절한 위치에 폴더를 생성해야 합니다. C 드라이브에 jocoding_web이라는 이름으로 폴더를 만들어 주세요.

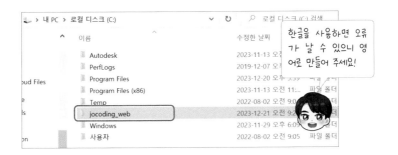

2. VS 코드를 실행하고 [File → Open Folder]를 클릭합니다. Open Folder 창이 나타나면 만들어 둔 [jocoding_web] 폴더를 선택하고 [폴더 선택]을 클릭합니다.

3. 파일 새로 만들기 아이콘 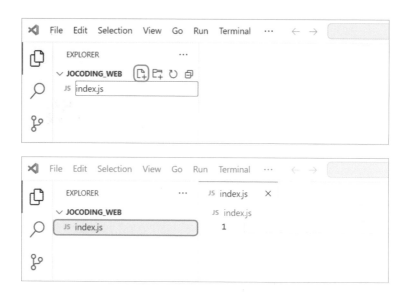을 클릭하고 index.js라는 이름으로 새로운 자바
스크립트 파일을 생성합니다.

▶ 자바스크립트의 확장자는 .js입니다.

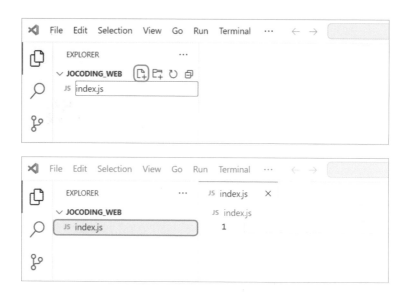

4. index.js 파일에 다음 코드를 입력하고 Ctrl+S를 눌러 저장합니다.

index.js

```
console.log("Hello, world!");
```

노드가 자바스크립트를 인식할
수 있게 꼭 저장해 주세요!

5. VS 코드 화면 상단에 있는 [Terminal → New Terminal]을 클릭해서 새로운
터미널을 띄웁니다.

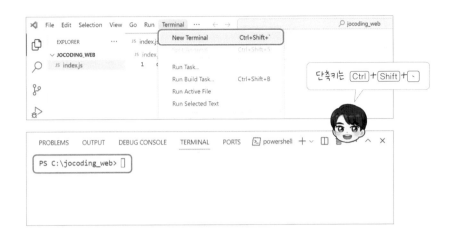

단축키는 Ctrl + Shift + `

6. 터미널에 다음 명령어를 입력하고 Enter 를 누릅니다. 이 명령어는 'node.js 로 index.js 파일을 실행한다.'라는 의미인데, 앞에서 노드를 이미 설치했으므로 사용할 수 있습니다.

Terminal

```
node index.js
```

node와 index.js 사이에 꼭 한 칸을 띄어 주세요!

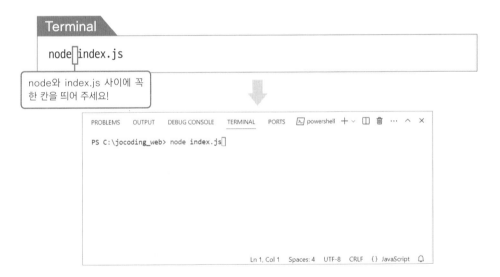

7. 코드가 잘 실행되었는지 터미널에 출력되는 문구를 확인합니다.

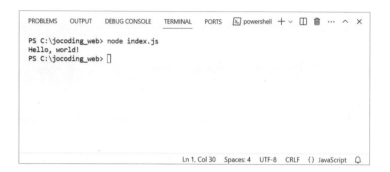

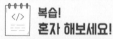 복습!
혼자 해보세요! │ **터미널에서 명령어 실행하기**

사용하는 운영체제에 맞춰 터미널에서 명령어를 실행해 보세요.

윈도우	macOS
• date /t	• date
• cd	• pwd
• dir	• ls -al
• cls	• clear

176

노드의 마켓플레이스 – NPM

노드를 간단하게 다뤄 보았나요? 컴퓨터와 명령어로
소통하기, 할 만하죠? 이제 우리는 NPM을 활용해서
노드의 활용도를 높여야 합니다. NPM^{node.js package}

manager이란 세계 여러 개발자들이 개발한 패키지를 활용할 수 있도록 해주는 노
드의 패키지 매니저입니다. 패키지 매니저라는 용어가 조금 생소한가요? 우리 손
에서 떼놓을 수 없는 스마트폰을 예로 들어 설명해 보겠습니다.

스마트폰을 사고 처음 전원을 켜면 기본 앱만 설치되어 있습니
다. 따라서 용도에 맞게 스마트폰을 활용하려면 애플의 앱 스토어
나 구글의 플레이스토어에서 필요한 앱을 검색하여 설치해야 합

니다. 노드 역시 스마트폰과 마찬가지로 필요한 서비스를 따로 설치해야 합니다.
즉, 노드의 생태계에서 앱 스토어, 플레이스토어와 같은 역할을 하는 것이 바로
패키지 매니저인 NPM이고, 앱 역할은 패키지가 담당합니다.

애플의 앱 스토어

구글의 플레이스토어 · 노드의 NPM

177

NPM도 일종의 노드 패키지로 취급되며, 노드를 설치할 때 함께 설치됩니다. 스마트폰의 앱 스토어가 기본적으로 내장된 앱이라는 것과 유사하죠. 주의할 점은 노드의 버전에 따라 설치되는 NPM 버전이 다르다는 것인데, 다른 사람이 개발한 프로젝트를 내 컴퓨터에서 실행할 때 버전이 맞지 않으면 패키지를 설치하는 과정에서 오류가 발생할 수 있습니다.

NPM의 공식 웹 사이트에 접속하면 패키지를 검색할 수 있는 검색 창이 표시됩니다. 패키지를 검색하면 설치 방법과 주의 사항, 패키지 버전 등을 손쉽게 확인할 수 있습니다.

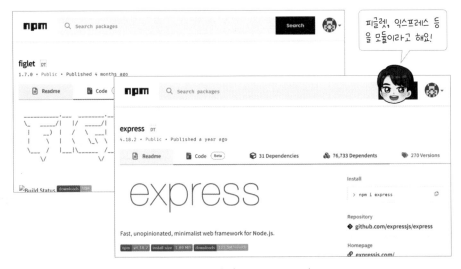

NPM 공식 웹 사이트(www.npmjs.com)

NPM은 VS 코드의 터미널에서 npm install ○○○을 입력하는 것만으로 손쉽게 설치할 수 있는데요. 다음 실습에서는 노드에서 NPM을 설치해 보겠습니다.

Do it! 실습 ▶ NPM 활용해서 노드 프로젝트 세팅해 보기 — 피글렛

이제 본격적으로 노드 프로젝트를 세팅해 보겠습니다. 작성할 프로그램은 피글
렛figlet 패키지를 활용한 텍스트 배너 생성기이며, 다음 결과물을 터미널에 출력
해 줍니다. 173쪽 노드를 실행한 실습에 이어서 진행하면 됩니다.

1. 터미널에 다음 명령어를 입력합니다.
init은 'initialize(초기화)'의 줄임말로,
'npm을 시작하겠다.'를 의미합니다.

Terminal
npm init

2. 연속해서 [Enter]를 눌러 보세요. Is this OK? (yes)가 나올 때까지 [Enter]를
누르면 설치된 패키지 및 실행과 관련된 명령어, 설정을 다루는 〈package.json〉
파일이 자동으로 생성됩니다.

179

```
JS index.js          {} package.json  ✕
{} package.json > ...
      1    {
      2        "name": "a",
      3        "version": "1.0.0",
      4        "description": "",
      5        "main": "index.js",
           ▷ Debug
      6        "scripts": {
      7          "test": "echo \"Error: no test specified\" && exit 1"
      8        },
      9        "author": "",
     10        "license": "ISC"
     11    }
     12
```

패키지의 정보가
담겨 있어요!

자동으로 생성된 〈package.json〉 파일

3. 실행 중인 폴더 내부에서 피글렛을 활용할 수 있도록 터미널에 다음 명령어를 입력하고 [Enter]를 눌러 피글렛을 설치합니다.

Terminal

```
npm install figlet
```

4. 설치를 완료하면 〈package.json〉 파일의 내용이 변경되고 〈package-lock.json〉 파일과 [node_modules] 폴더가 새로 생성됩니다.

```
✕⃞  File  Edit  Selection  ⋯      ← →              🔎 jocoding_web                    ▯▮ ▫▫

⬚  EXPLORER                   ⋯   JS index.js  ●   {} package.json
     ∨ JOCODING_WEB               JS index.js
🔍     > node_modules               1   console.log("Hello, world!");
       JS index.js                  2
🔀    {} package-lock.json
       {} package.json
🐞
🧩
```

180

| 〈package.json〉과 〈package-lock.json〉, 뭐가 다른가요?

〈package.json〉과 〈package-lock.json〉 둘 다 노드 프로젝트의 전반적인 정보와 명령 스크립트, 사용하는 패키지를 담고 있습니다.

그렇다면 〈package-lock.json〉이 굳이 따로 생성되는 이유가 무엇일까요? lock이라는 단어에서 알 수 있듯이 〈package-lock.json〉이 설치되어 있어야 패키지의 새로운 버전이 나오더라도 프로젝트에 설치한 패키지의 정보가 기존 버전 그대로 유지됩니다. 〈package.json〉과 〈package-lock.json〉 두 파일이 공존할 때 NPM 패키지를 한꺼번에 설치하는 npm install(또는 npm i) 명령어를 실행하면 우선적으로 〈package-lock.json〉 버전에 맞춰 각 패키지를 설치하므로 다른 환경에서도 동일한 버전을 손쉽게 설치할 수 있습니다.

만약 〈package-lock.json〉이 없다면 〈package.json〉에 작성된 패키지 버전의 범위에서 최신의 것을 설치하므로 최초로 개발했던 때와 버전이 달라질 수 있고, 이는 예기치 못한 오류를 발생시킬 수 있습니다. 따라서 〈package-lock.json〉은 임의로 수정하지 않은 상태로 프로젝트에 포함시켜서 관리해야 합니다.

- 〈package-lock.json〉이 없을 때
  : 노드 패키지가 최신 버전으로 설치됨 → 오류 발생 우려
- 〈package-lock.json〉이 공존할 때
  : 노드 패키지가 개발 당시 버전을 유지 → 패키지 정보 그대로 유지

또한 〈package.json〉에는 내용이 대략적으로 들어간 반면, 〈package-lock.json〉에는 버전 정보 등 상세 내용이 담겨 있다는 차이점도 있습니다. 패키지 정보를 확인할 때 용도에 따라 파일을 선택해서 보면 좋겠죠?

5. 〈index.js〉에 작성된 내용을 모두 지우고 다음 코드를 입력하세요. 코드 입력을 마쳤으면 [Ctrl]+[S]를 눌러 저장합니다.

• 코드 파일 피글렛.txt

```javascript
const figlet = require("figlet");

figlet("Jocoding\nHello, World!", function (err, data) {
    if (err) {
        console.log("Something went wrong...");
        console.dir(err);
        return;
    }
    console.log(data);
});
```

> 코드를 복사해서
> 쓰세요!

조코딩의 보충 수업 | NPM 웹 사이트에서 코드를 복사해 오세요!

NPM 웹 사이트에서 사용하려는 NPM을 검색하면 사용법이 나와요. 코드를 복사해서 자바스크립트 파일에 붙여 넣으면 코드를 틀리지 않고 더 빠르게 입력할 수 있답니다.

```
Install:

    npm install figlet

Simple usage:

    var figlet = require("figlet");

    figlet("Hello World!!", function (err, data) {
      if (err) {
        console.log("Something went wrong...");
        console.dir(err);
        return;
      }
      console.log(data);
    });
```

> 표시할 문구만
> 바꾸면 돼요!

NPM 웹 사이트에서 피글렛을 검색한 결과(npmjs.com/package/figlet)

6. 터미널에 다음 명령어를 입력하고 텍스트 배너가 정상으로 출력되는지 확인합니다.

Terminal

```
node index.js
```

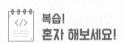

**복습!
혼자 해보세요!** | **나만의 텍스트 배너 만들기**

다음 [안내 사항]에 유의하여 5번 단계에서 입력한 "Jocoding\nHello, World!" 부분을 자신이 원하는 문구로 수정하고 저장한 뒤 다시 프로그램을 실행해 보세요.

> [안내 사항]
> • 영문 알파벳만 가능합니다.
> • 문구를 큰따옴표로 감싸야 합니다.
> • 줄 바꿈을 하고 싶다면 \n을 추가합니다.

여기까지 피글렛으로 텍스트 배너를 만들며 NPM을 설치하고 활용해 보았습니다. 이어서 웹 구축 관련 개념 몇 가지를 배우고 웹 사이트의 기반을 마련할 수 있는 NPM까지 만나 보겠습니다.

06-2

웹 서버 구축을 위한 준비 운동

우리가 웹 브라우저를 통해 웹 사이트에 접속하거나 글을 읽고 작성하려면 프런트엔드를 통해 백엔드 서버에게 정보를 요청하고, 요청한 정보에 대한 적절한 응답을 서버에서 프런트엔드로 보내 주어야 합니다. 우리는 이 역할을 하는 서비스를 **웹 서버**라고 부르는데요. 웹 서버와 관련된 주요 개념을 알아보고, 노드에서 웹 서버를 만들고 사용할 수 있게 해주는 **익스프레스**express라는 패키지를 사용해 간단한 API 서버를 만들어 보겠습니다.

웹 서버로 요청을 보내요 – IP 주소, 포트, 라우팅

05-1절에서 API 개념을 배울 때 살펴보았던 택배 보내는 상황을 다시 꺼내 보겠습니다. 택배를 보낼 때는 일단 받는 사람의 정확한 주소가 필요합니다. 만약 존재하지 않는 주소로 택배를 보내려고 하면 우체국에서 접수를 거절합니다.

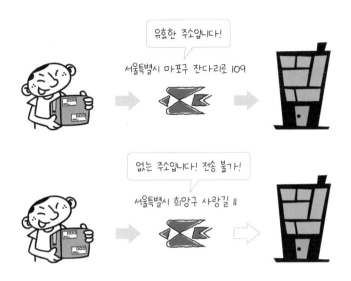

이러한 상황을 프런트엔드와 백엔드의 통신에 적용해 보겠습니다. 프런트엔드에서 인터넷망을 통해 백엔드 서버에 요청을 전달할 때에도 백엔드 서버의 유효한 주소가 필요한데, 이를 **IP 주소**internet protocol address라고 합니다. 한 번쯤 마주쳤을 XXX.XXX.XXX.XXX와 같은 숫자 묶음이 바로 IP 주소의 형식이며, 0.0.0.0~255.255.255.255 범위에서 지정됩니다.

그럼 이렇게 건물 주소만 제대로 써주면 목적지에 택배가 잘 전달될까요? 뭔가 빠진 걸 벌써 눈치챈 분도 있을 것입니다. 바로 '호수'입니다. 예를 들어 고층 건물에 사무실을 둔 거래처에 택배를 보낸다고 가정해 보겠습니다. 건물의 수많은 사무실 가운데 특정한 곳으로 택배를 보내려면 호수를 정확히 지정해 주어야 하겠죠. 백엔드 서버에서는 **포트**port가 그 역할을 담당합니다. 포트는 0부터 65535까지 숫자를 사용하며, 그중에 0~1023 범위는 특정 서비스를 사용할 수 있도록 용도가 지정되어 있습니다.

목적지인 백엔드 서버의 주소는 콜론(:)을 사용하여 **IP 주소:포트 번호** 형식으로 나타냅니다. IP 주소가 같아도 실제 API 서버가 작동하는 포트가 아니라면 프런트엔드의 요청을 정상 처리할 수 없습니다. 예를 들어 백엔드 서버가 8080번 포트에서 실행되고 있는데 프런트엔드에서 8081번 포트로 요청을 보낸다면 작업이 제대로 처리되지 않는 것이죠. 어렵게만 보였던 IP 주소와 포트, 이제는 좀 더 친근하게 느껴지나요?

이제 IP 주소와 포트 번호를 05-1절에서 배운 프로토콜, HTTP와 연결 지어 좀 더 깊이 이해해 보겠습니다. 우리는 주소 창에 `https://www.google.com`과 같은 URL을 입력하여 특정 목적지로 이동합니다. 그런데 이상하지 않나요? URL에서 IP 주소와 포트 번호를 찾아볼 수 없잖아요. 과연 우리의 요청이 백엔드에 어떻게 전달되는 걸까요?

실제 운영되는 서비스에서는 IP 주소와 포트 번호를 드러내어 사용하지 않습니다. IP 주소와 포트 번호가 노출되면 보안이 매우 취약해질 수 있고, 개발한 API의 IP 주소와 포트 번호가 변경되면 이와 연관된 서비스를 모두 수정해야 하는 불상사가 생기기 때문입니다. 그래서 우리는 '서울특별시 마포구 서울마포우체국 사서함 XXX번'과 같이 우체국에 설치된 사서함을 사용하여 받는 사람에게 택배가 전달되도록 해야 하며, 이때 URL이 사서함 주소 역할을 하는 것이죠. http(s):// 형식의 URL로 요청을 보내는 대상의 포트 번호는 80(http) 또는 443(https)으로 지정되어 있습니다. `https://www.google.com`이 바로 사서함 주소가 됩니다. 80, 443이라는 숫자는 보이지 않지만 HTTP 또는 HTTPS로 그 모습을 대신하는 것이죠.

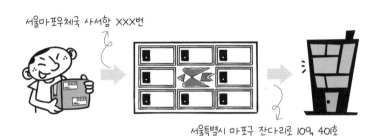

그럼 하나의 URL에서 뻗어 나가는 여러 서비스에는 각각 어떻게 접근할 수 있을까요? 바로 URL의 경로를 설정할 때 **라우팅**routing을 활용하면 됩니다. 사서함에는 목적지에 따른 수많은 보관함이 있는데요. 최종 목적지에 맞게 각각의 보관함을 사용하는 것처럼 경로를 각각 다르게 부여하여 필요한 서비스에 접근할 수 있는데, 이러한 작업을 라우팅이라고 합니다. `https://www.google.com/search?q=이지스퍼블리싱`에서 경로를 담당하는 `/search`가 라우팅이 설정된 부분이라고 볼 수 있습니다.

이렇게 프런트엔드의 URL을 통해 클라이언트의 요청을 받아들인 웹 서버는 들어온 작업을 차례대로 수행합니다. 이때 웹 서버에서 동시다발적으로 일 처리를 해야 한다면 함수를 실행하는 순서를 설정해 두는 것이 좋겠죠. 웹 서버가 클라이언트 요청에 어떻게 요청에 응답하는지 알아보겠습니다.

실행 순서를 지정할 수 있어요 – 콜백 함수

04-3절에서 특정 버튼을 클릭하거나 키보드를 누르는 등 웹 브라우저에 행동을 취해서 발생하는 것을 이벤트라고 배웠습니다. 이번에 학습할 개념인 콜백 함수 callback function는 다른 함수의 인자로 이용되는 함수로, 쉽게 말해 이벤트에 의해 호출되는 함수를 뜻합니다. 말로는 잘 이해가 가지 않죠? 일단 다음 코드를 크롬 개발자 도구 창의 [Console] 탭에서 입력하여 실행해 봅시다.

F12를 눌러 개발자 도구를 실행하세요!

```
setTimeout(() => {console.log("1초 경과")}, 1000);
```

아마 1초 뒤에 '1초 경과'라는 문구가 표시될 것입니다. 코드를 약간만 바꿔서 다시 실행해 볼까요?

```
setTimeout(() => {console.log("5초 경과")}, 5000);
```

이번에는 아까와 다르게 5초 후에 '5초 경과'라는 문구가 표시될 것입니다.

예시로 든 setTimeout(콜백 함수, 시간)은 설정한 시간 뒤에 함수를 실행하도록 하는 자바스크립트의 내장 함수입니다. 콜백 함수는 (인자) => {함수} 형식으로 나타내며, 시간은 밀리초(millisecond, 0.001초) 단위로 설정합니다. 위에서 실행한 콜백 함수는 () => {console.log("5초 경과")}이며, 설정된 시간인 5초가 지나서 setTimeout() 함수가 종료되어야 '5초 경과'라는 결괏값을 출력하는 콜백 함수가 실행되는 것이죠.

콜백 함수를 설정하면 프로그램을 실행할 때 함수가 원치 않게 동작하는 상황을 방지할 수 있으며, 코드를 작성한 순서대로 실행하는 것과 별도로 함수를 실행할 수 있습니다. 여기에서 좀 더 복잡한 내용으로 들어가면 동기 및 비동기 프로그래밍을 이해해야 하는데, 지금 단계에서는 어떤 함수가 종료된 직후 실행되는 함수를 콜백 함수라고 정리하고 다음 단계로 넘어가겠습니다.

Do it! 실습 간단한 API 서버 만들기 — 익스프레스

NPM 웹 사이트에서 찾아볼 수 있는 익스프레스(express)는 API 서버를 구축할 수 있는 노드 패키지입니다. 익스프레스를 활용해 간단한 형태의 API 서버를 만들어 보겠습니다. 173쪽을 참고하 여 노드를 실행하는 실습 1~2단계를 먼저 진행해 주세요. 이때 기존에 만든 파일과 이름이 겹치지 않도록 [express]라는 새로운 폴더를 만들어서 실습하세요.

1. VS 코드 상단에서 [Terminal → New Terminal]을 클릭해 새로운 터미널을 띄웁니다. 그리고 터미널에 다음 명령어를 입력하여 프로젝트를 새로 시작합니다.

```
Terminal

npm init
```

기존에 사용한 터미널이 켜져 있다면 꺼주세요!

2. 익스프레스를 활용하기 위해 터미널에 다음 명령어를 입력하여 프로젝트에 패키지를 설치합니다.

install 대신 i만
입력해도 돼요!

```
npm install express
```

3. 폴더 안에 index.js 파일을 만든 다음 코드를 입력하고 저장합니다.

index.js

• 코드 파일 익스프레스.txt

```
const express = require('express');  // 익스프레스 패키지 불러오기
const app = express();               // 서버 역할을 할 앱 생성하기
const port = 3001;                   // 서버가 요청받을 포트: 3001

app.get('/', (req, res) => {
    res.send('Hello, World!');
});

app.listen(port, () => {             // 설정한 포트 번호로 요청받기
    console.log(`Example app listening on port ${port}`);
});                                  // 콘솔에 메시지를 띄워 서버의 실행 상태 표시
```

req는 요청(request),
res는 응답(response)의
줄임말이에요!

▶ console.log(`Example app listening on port ${port}`);에서 반드시 작은따옴표가 아닌 백쿼트(`)를 사용하세요.

4. 터미널에 다음 명령어를 입력하여 서버를 실행합니다.

Terminal

```
node index.js
```

5. 크롬 브라우저를 실행한 후 주소 창에 `localhost:3001`을 입력합니다. 로컬 호스트^{localhost}는 내 컴퓨터를 가리키는 이름이며, 이를 IP 주소로 표현하면 `127.0.0.1`로 나타낼 수 있습니다. 주소 창에 표시되는 내용을 확인합니다.

GET 방식을 이용했기 때문에 주소 창을 통해 접속할 수 있는 거예요!

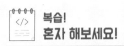 **복습! 혼자 해보세요!** | **크롬 브라우저에서 서버 접속해 보기**

---

1. IP 주소로 내 컴퓨터에서 동작하는 서버에 접속하기

익스프레스로 만든 서버를 실행한 후, 크롬 브라우저 주소 창에 `127.0.0.1:3001`을 입력해 봅시다.

2. 다른 포트에서 서버 실행하기

다음 안내 사항에 따라 실습 코드에서 포트를 바꾼 후 서버를 실행하고 접속해 봅시다.

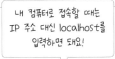

내 컴퓨터로 접속할 때는 IP 주소 대신 localhost를 입력하면 돼요!

> **[안내 사항]**
> • 포트는 0부터 65535까지 숫자를 사용합니다.
> • 0~1023 범위는 지정된 포트이므로 사용하지 않습니다.

힌트 포트를 지정한 문서를 확인하세요.

동물 소리 API 구현하기

익스프레스를 활용해 백엔드 API 서버를 구현해 보았습니다. 이제 동물 소리 API 를 단계별로 구현해 보면서 실제 사용하는 API에 근접한 형태로 발전시켜 봅시다.

Do it! 실습 ▶ 제이슨 형식으로 응답하는 API 만들기

URL에서 호스트 뒤로 이어지는 경로에 따라 서버에서 다른 값을 응답에 실어 보낼 수 있도록 코드를 작성해 보겠습니다.

1. 06-2절에서 익스프레스 서버를 구현한 것처럼 173쪽의 1~2단계를 실행합니다. index.js 파일을 새로 만들고 다음과 같이 작성한 후 저장합니다.

index.js   • 코드 파일 동물소리.txt

```
const express = require('express');
const app = express();
const port = 3000;

app.get('/', (req, res) => {
```

익스프레스로 서버를 열어 줘야 해요!

```
        res.send('Hello, World!');
});

app.get('/dog', (req, res) => {        // get 방식으로 dog라는 라우팅 적용
        res.json({'sound': '멍멍'});        // 제이슨 형식으로 응답
});

app.get('/cat', (req, res) => {        // get 방식으로 cat이라는 라우팅 적용
        res.json({'sound': '야옹'});        // 제이슨 형식으로 응답
});

app.listen(port, () => {
        console.log(`Example app listening on port ${port}`);
});
```

2. 여기서 주목해야 할 구성을 정리해 보겠습니다. 다음 단계에서도 응용해야 하니 주의 깊게 봐주세요.

> GeT 방식을 사용한단 건 주소 창을 통해 조회한다는 것을 뜻해요!

GET 방식으로 /dog라는 라우팅을 요청하면 {'sound': '멍멍'} 형태로 응답합니다.

| GET | /dog | ➡ | Sound | 멍멍 |

GET 방식으로 /cat이라는 라우팅을 요청하면 {'sound': '야옹'} 형태로 응답합니다.

| GET | /cat | ➡ | Sound | 야옹 |

API를 통해 응답할 때 제이슨 형식을 사용한다고 한 것 기억하나요? 쉽게 풀어 보자면, /dog 또는 /cat을 검색(조회)했을 때 각각 울음소리를 '멍멍'과 '야옹'으로 응답하도록 한 것이라 생각하면 됩니다. 터미널에서 node index.js를 실행하

고 크롬 브라우저의 주소 창에 `localhost:3000/dog`를 입력해 보세요. dog 대신 cat으로도 바꿔 보세요.

경로에 입력한 데이터에 따라 다른 결과가 나타나네요

이렇게 코드를 하나하나 써줘도 좋지만, 반복되는 부분을 공통 키워드로 묶으면 코드를 깔끔하게 정리할 수 있습니다. 다음 실습에서는 변수를 활용한 라우팅을 진행해 보겠습니다.

Do it! 실습 ▶ 변수를 활용하여 라우팅하기

API 서버에 데이터 처리를 요청할 때 값을 전달하고 그 값에 따라 작업을 수행하도록 하려면 **변수**argument를 활용해야 합니다. 그 예로 유튜브의 모든 채널은 'www.youtube.com/@채널명'과 같이 URL 경로가 있는데요. 채널명처럼 변하는 부분을 변수로 설정하여 데이터 처리를 요청한다면 하나의 라우팅 규칙으로 이 문제를 해결할 수 있습니다.

변수로 입력한 값에 맞는 응답을 불러오도록 규칙을 정해 보겠습니다. 동물 이름을 변수 항목으로 지정하여 동물 이름을 입력하면 울음소리를 출력하도록 하는 방식입니다. URL의 경로를 변숫값으로 활용하려면 콜론(:)을 활용하여 **:변수명**과 같은 형태로 경로를 설정합니다.

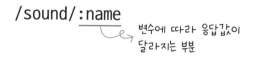

/sound/:name

변수에 따라 응답값이 달라지는 부분

이처럼 변수를 활용하면 요청 경로를 매우 간단하게 설정할 수 있습니다. 다음 코드에서는 변수로 /sound/:name을 넣어 중복을 최소화하고 간단한 조건문으로 표현할 거예요. 이번에는 'pig'를 입력하면 '꿀꿀'이라는 울음소리를 추출하는 경로까지 추가해 보겠습니다.

1. 앞의 실습에서 작성한 〈index.js〉를 다음과 같이 수정합니다. 변수(동물 이름)에 따른 응답값(울음소리)을 if 조건문으로 작성합니다.

index.js

• 코드 파일 동물소리.txt

```
(... 생략 ...)
app.get('/', (req, res) => {
    res.send('Hello World!');
});

app.get('/sound/:name', (req, res) => {   // .변수명 형태로 경로 설정
    const { name } = req.params;              // 변수 name을 중괄호로 감싸기

    if (name == "dog") {                      // 변수에 따른 응답값을 조건문으로 작성
        res.json({'sound': '멍멍'});
    } else if (name == "cat") {
        res.json({'sound': '야옹'});
    } else if (name == "pig") {
        res.json({'sound': '꿀꿀'});
    } else {
        res.json({'sound': '알 수 없음'});
    };
});

app.listen(port, () => {
    console.log(`Example app listening on port ${port}`);
});
```

노란색 부분만
교체하세요!

195

2. 이번에는 크롬 브라우저의 주소 창에 `localhost:3000/sound/dog`라고 입력합니다. cat과 pig도 동일한 방법으로 실행해 보세요. 이 조건문에서도 마찬가지로 경로에 /dog, /cat, /pig를 입력했을 때 각각 '멍멍', '야옹', '꿀꿀'이라는 값을 반환하게 됩니다.

정의되지 않은 경로인 /horse로 라우팅을 요청하니 `{"sound": "알 수 없음"}` 형태로 응답합니다. 이제 우리가 만든 API가 웹에서 실행될 수 있도록 웹 문서를 만들고 웹에서 데이터를 불러와 보겠습니다.

Do it! 실습 ▶ 데이터를 불러올 수 있는 최적의 환경 만들기 — CORS

익스프레스로 구성된 API 서버는 웹 브라우저가 아닌 외부의 프런트엔드 앱이나 HTML에서 요청을 보내는 경우 보안의 이유로 오류를 발생시킵니다. 이러한 오류를 방지하려면 원본 소스를 다른 매체와 공유할 수 있게 설정을 추가해 줘야 합니다. 이것을 CORS라고 하는데, 먼저 실습을 통해 접근해 보겠습니다.

1. index.html 파일을 프로젝트 폴더에 생성하고, 다음 코드를 입력합니다

index.html

> `!` + `Enter`를 눌러 웹 문서의 기본 틀을 마련하세요!

• 코드 파일 동물소리.txt

```html
<!DOCTYPE html>
<html lang="ko">
<head>
    <meta charset="UTF-8">
    <meta name="viewport" content="width=device-width, initial-scale=1.0">
    <title>동물 소리 API</title>
</head>
<body>
    <h1 id="sound"></h1>          <!-- 응답값을 브라우저에 h1 태그로 나타내기--!>
    <input id="name" type="text">
                        <!-- 아이디가 name인 태그의 값을 변수 name에 넣기--!>
    <button onclick="getSound()">API 요청</button>
                        <!-- [API 요청] 버튼을 클릭하면 getSound() 함수 실행--!>
    <script>
        function getSound() {       <!-- getSound() 함수 정의 --!>
            const name = document.getElementById('name').value
            fetch(`http://localhost:3000/sound/${name}`)
              .then((response) => response.json())
              .then((data) => {
                  console.log(data.sound)
                  document.getElementById('sound').innerHTML = data.sound
            })   <!-- API 서버에 요청을 보내면 sound에 해당하는 값을 가져와 표시 --!>
        }
    </script>
</body>
</html>
```

197

2. 터미널을 새로 열고 node index.js를 입력해서 API 서버를 실행합니다.

```
node index.js
```

3. 작성한 HTML 문서 위에서 마우스 오른쪽 버튼을 누르고 [Open with Live Server]를 선택해 크롬 브라우저를 엽니다. 이어서 정의한 라우팅 규칙인 cat 을 필드에 입력한 뒤 [API 요청] 버튼을 클릭해 보세요.

4. 어떤가요? 아마 아무 일도 일어나지 않을 것입니다. 그 이유를 크롬 개발자 도구의 [Console] 탭에서 확인해 볼까요? F12를 눌러 개발자 도구 창을 열고 [API 요청] 버튼을 한 번 더 눌러 보세요.

오류 메시지를 살펴보면 CORS 규칙에 따라 접근이 차단됐다는 것을 알 수 있습니다. CORS^cross-origin resource sharing는 우리말로 '교차 출처 리소스 공유'라고 하며, CORS를 적용하는 주된 목적은 보안을 강화하고 다른 출처로부터의 데이터 공유를 제한하는 것입니다. 여기서는 우리가 파일에서 로컬 호스트로 요청을 보냈기 때문에 출처가 같지 않았고 보안상의 이유로 접근이 차단된 것이죠.

5. 그렇다면 익스프레스 서버에서 이 오류 사항을 해결하려면 어떻게 해야 할까요? CORS라는 이름의 NPM 패키지를 프로젝트에 설치하고, 다른 출처로부터의 요청을 허용하는 코드를 추가로 작성해야 합니다. 먼저 터미널에서 Ctrl + C 를 눌러 서버를 종료한 뒤 다음 명령어를 실행하여 CORS 패키지를 설치합니다.

Terminal

```
npm install cors
```

6. 설치를 완료했다면 〈index.js〉에 다음과 같이 코드를 추가하여 CORS 설정을 적용하고 다시 서버를 실행합니다. 다음과 같이 CORS 설정을 적용하면 다른 출처의 요청을 허용할 수 있습니다.

index.js   • 코드 파일 동물소리.txt

```
const express = require('express');
const cors = require('cors');
const app = express();
const port = 3000;

app.use(cors());              // CORS 설정 적용하기

app.get('/', (req, res) => {
    res.send('Hello World!');
});
(... 생략 ...)
```

> 코드를 입력한 후 꼭 저장해야 합니다.
> 그리고 터미널에 node index.js를
> 입력해 서버를 실행하세요.

7. 다시 〈index.html〉을 크롬 브라우저로 실행하고 처음과 같이 필드에 cat을 입력한 뒤 [API 요청] 버튼을 클릭해 보세요.

이번에는 응답을 정상으로 받아서 웹 브라우저에 값을 나타냅니다.

동물 이름을 입력하면 해당 동물의 울음소리를 출력하는 API를 만들어 보았습니다. 아이들이 동물을 공부하는 앱을 만드는 프런트엔드 개발자라면 이 API를 적절하게 활용할 수 있을 것입니다.

깃허브, 클라우드타입으로
API 배포하기

뚝딱뚝딱 처음으로 만들어 본 API를 세상에 공개해 볼까요? 이미 많은 개발자들이 활용하고 있는 '깃허브'라는 코드 저장소와 '클라우드타입'이라는 배포 서비스를 사용할 거예요. 차근차근 따라 하다 보면 API 배포 방법을 금세 익힐 수 있습니다.

코드 저장소, 깃허브

정성껏 코딩한 익스프레스 API 서버를 배포해 보겠습니다. **깃허브**GitHub라는 코드 저장소를 활용할 것입니다. 깃허브에 로그인한 후 적절한 이름으로 저장소를 생성하고 프로젝트 폴더에서 다음 파일을 업로드합니다.

깃허브 로고

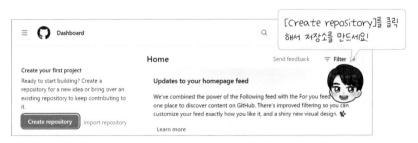

깃허브에 로그인하면 나타나는 화면(github.com)

생성한 저장소에 파일을 업로드하는 화면

여기서 [node_modules] 폴더는 왜 업로드하지 않았을까요? 여러 패키지를 설치하는 경우 [node_modules] 폴더의 용량이 지나치게 커질 뿐만 아니라 API를 배포할 때 〈package-lock.json〉이나 〈package.json〉의 내용에 맞게 패키지를 새로 설치하기 때문입니다.

Do it! 실습 클라우드타입으로 API 배포하기

API를 배포할 때 사용할 플랫폼은 **클라우드타입**(cloudtype .io)입니다. 클라우드타입은 깃허브 저장소의 코드를 인터넷에 간편하게 배포할 수 있는 클라우드 서비스입니다. 배포한 API에 도메인을 자동으로 부여하고 HTTPS 인증서를 발행하므로 코딩을 이제 막 배운 여러분이 인터넷 환경에서 직접 만든 서버를 테스트하기에 적합합니다. 또, 특정 리소스 한도 안에서 무료로 서버를 배포할 수 있다는 점은 고사양을 필요로 하지 않는 학습자에게 큰 장점이죠. 회원 가입을 완료한 후 다음 절차에 따라 동물 소리 API를 배포해 봅시다.

클라우드타입 로고

1. 대시보드 왼쪽 메뉴에 있는 [+] 버튼을 클릭해 새 프로젝트를 생성합니다. 프로젝트 이름은 animal-sound로 정합니다.

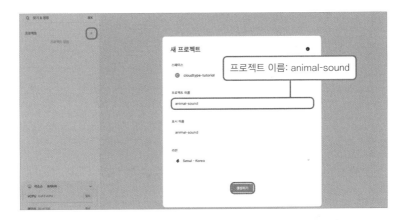

2. 대시보드 가운데 있는 [+] 버튼을 클릭해 검색어에 node를 입력한 후 [Node.js 템플릿]을 선택합니다.

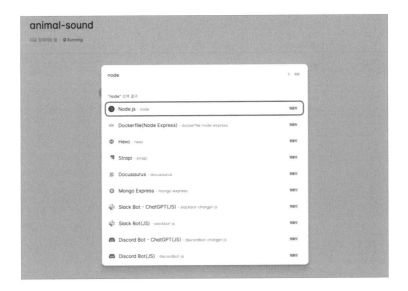

3. 깃허브 로그인 버튼을 클릭한 후 [GitHub 계정 연결하기] 버튼을 누릅니다.
이어서 [Install] 버튼을 클릭해 클라우드타입 깃허브 앱을 설치합니다.

4. 설치를 완료한 후 미리 만들어 둔 [animal-sound] 저장소를 선택합니다.

5. 다음 항목을 확인하여 입력하고 [배포하기] 버튼을 누릅니다.

6. 배포가 완료되어 상태가 '실행 중'으로 바뀌면 [접속하기] 버튼을 클릭합니다.

7. 웹 브라우저에서 다음과 같이 Hello, World!가 표시되는지 확인합니다.

8. 설정한 라우팅 규칙에 따라 URL의 경로를 변경하여 접속해 보고 응답값이 알맞게 표시되는지 확인합니다.

API 서버를 만들어 배포하기까지 조금은 어렵지만 뭔가 하나 해냈다는 사실에 뿌듯하지 않나요? 이어지는 07장에서는 게시판을 만들고 배포하는 단계까지 진행할 거예요. 코드를 작성하는 것이 어렵고 복잡할 수 있지만 하나의 웹 페이지를 만들어 보며 웹 개발에 한 걸음 더 나아갈 수 있습니다.

Q1 웹 브라우저가 아닌 환경에서도 '자바스크립트'를 실행할 수 있도록 환경을 구성해주는 플랫폼은 무엇인가요?

① 리액트   ② 일렉트론   ③ 앵귤러   ④ 노드JS

Q2 인터넷 환경에서 서버가 위치한 곳을 가리키는 정보를 (IP / SP)라고 하며, 해당 서버 내부에서 애플리케이션이 실행되는 지점을 숫자로 나타낸 것을 (포트 / 라우터)라고 합니다.

Q3 '교차 출처 리소스 공유'를 의미하여, 보안 유지를 위해 출처 정보에 따라 접근을 허용/차단하는 규칙을 무엇이라고 하나요?

① CSS   ② HTTPS   ③ CORS   ④ CQRS

정답 257쪽

07

게시판 10분 완성!
이제 나도 개발자

이번 장에서는 우리가 앞서 학습한 HTML과 자바스크립트, 그리고 새로 등장하는 템플릿 엔진과 데이터베이스를 활용하여 게시판을 개발하고 배포해 보겠습니다.

혹시 앞의 내용이 잘 기억나지 않거나 헷갈린다면 충분히 복습하고 돌아와도 좋습니다. '세상에서 가장 쉬운 게시판 만들기'로 웹 개발 여정에서 유종의 미를 거두어 봅시다.

이 장의 목표

- 템플릿 엔진의 역할을 설명할 수 있어요.
- 데이터베이스의 구조를 파악할 수 있어요.
- 노드와 에스큐라이트를 연동할 수 있어요.
- 간단한 게시판을 만들고 배포할 수 있어요.

핵심 키워드 템플릿 엔진, EJS, 데이터베이스, ORM, 에스큐라이트

움직이는 HTML의 시작! 템플릿 엔진

템플릿 엔진의 역할

여태까지 HTML은 웹 사이트의 내용을 표시할 뿐 프로그래밍 언어가 아니기에 스스로 움직일 수 없다고 배웠습니다. 하지만 **템플릿 엔진**template engine이라는 도구를 사용하면 HTML에서 자바스크립트 코드를 사용하여 동적인 움직임을 줄 수 있습니다. 또한 프로그래밍 언어가 아니라서 반복문을 사용하지 못했던 HTML에 자바스크립트의 반복문을 넣어 코드를 짧게 줄일 수도 있어요.

이 책에서 만들어 볼 게시판은 사용자가 게시물을 작성하고 읽는 등 동적인 활동을 포함한다는 특징이 있습니다. 따라서 게시물 목록, 댓글, 사용자 정보 등을 HTML에 효율적으로 적용할 수있는 템플릿 엔진을 활용할 수 있어야 합니다.

백엔드에서 생성된 데이터를 HTML 문서 안에서 조작할 수 있대!

코드의 중복을 줄이고 구조를 체계적으로 관리할 수도 있대!

템플릿 엔진을 어떤 상황에 유익하게 사용할 수 있는지 예시를 살펴보겠습니다. 게시판에 작성된 100개의 글을 표시해야 한다고 가정해 봅시다. 모든 글을 웹 페이지에 나타내려면 다음과 같이 <p> 태그를 100줄 작성하면 되겠죠. 하지만 한 페이지에서 보여 줘야 하는 글의 개수가 변경될 가능성도 있고 작업이 비효율적이라는 단점이 있습니다.

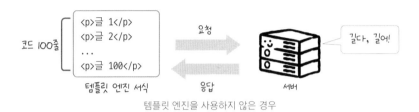

템플릿 엔진을 사용하지 않은 경우

템플릿 엔진을 사용하지 않으면 <p> 태그를 100줄 이상 사용하는 등 불편함과 한계가 나타납니다. 하지만 만약 HTML 문서 안에서 자바스크립트를 사용할 수 있다면 어떨까요? 반복문으로 모든 데이터를 조회해서 <p> 태그 100줄과 동일한 의미의 코드를 순식간에 만들어 낼 수 있습니다. 이게 바로 템플릿 엔진이 펼치는 놀라운 마법이라고 할 수 있습니다.

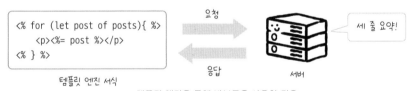

템플릿 엔진을 통해 반복문을 사용한 경우

템플릿 엔진은 대표적으로 자바 스프링Java Spring에 사용하는 **타임리프**Thymeleaf, 파이썬 장고Python django와 사용하는 **장고 템플릿**django Template, 자바스크립트에 사용하는 **EJS**가 있습니다. 우리는 그중에 EJS를 활용하여 게시판을 제작해 보겠습니다.

자바 스프링	파이썬 장고	자바스크립트
타임리프	장고 템플릿	EJS

템플릿 엔진의 종류

HTML + 자바스크립트 = EJS

우리가 실습에 활용할 템플릿 엔진은 자바스크립트를 사용하는 EJS입니다. EJS^{embedded JavaScript}는 말 그대로 HTML에서 자바스크립트를 품고 있다는 뜻입니다. HTML 파일 내부에서 자바스크립트를 사용하여 웹 사이트에 나타낼 수 있는 내용의 한계를 극복하고 데이터를 효과적으로 활용할 수 있도록 도와주죠.

EJS 웹 사이트(ejs.co)

피글렛, 익스프레스와 마찬가지로 EJS 역시 터미널에서 손쉽게 설치하고 적용할 수 있습니다. 그럼 EJS를 활용한 간단한 웹 페이지를 함께 만들어 봅시다.

Do it! 실습 ▶ EJS로 간단한 웹 페이지 만들기

1. 게시판 프로젝트를 위한 새 폴더를 생성한 다음, VS 코드 상단에서 [Terminal → New Terminal]을 클릭해 새로운 터미널을 띄웁니다. 이어서 터미널에 다음 명령어를 입력하여 프로젝트를 초기화합니다.

Terminal

```
npm init
```

2. 프로젝트에 익스프레스와 EJS를 활용하기 위해 터미널에 다음 명령어를 순서 대로 입력하여 패키지를 설치합니다.

Terminal

```
npm install express
npm install ejs
```

3. 프로젝트 폴더에 index.js 파일을 생성하고 파일에 다음 코드를 작성합니다.

index.js • 코드 파일 템플릿엔진.txt

```
const express = require('express');
const app = express();
const port = 3000;

app.set('view engine', 'ejs'); // 템플릿 엔진으로 EJS 사용
app.get('/', (req, res) => {    // '/' 경로로 접속하면 index.ejs 내용을 웹 브라우저에 표시
    res.render('index');
});
```

> 경로에는 파일 이름만 적어 주면 돼요!

213

```
app.listen(port, () => {
    console.log(`Example app listening on port ${port}`);
});
```

4. [views] 폴더를 생성하고 그 안에 index.ejs라는 파일을 생성합니다. 다음 코드를 작성하고 [Ctrl]+[S]를 눌러 저장합니다.

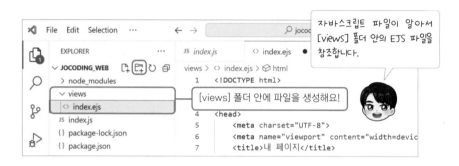

index.ejs   • 코드 파일 템플릿엔진.txt

```html
<!DOCTYPE html>
<html lang="ko">
<head>
    <meta charset="UTF-8">
    <meta name="viewport" content="width=device-width, initial-scale=1.0">
    <title>내 페이지</title>
</head>
<body>
    <h1>안녕하세요</h1>
</body>
</html>
```

HTML 문서와
똑같이 생겼죠?

5. 터미널에 다음 명령어를 입력하여 서버를 실행합니다.

```
node index.js
```

6. 크롬 브라우저를 실행한 후 주소 창에 `localhost:3000`을 입력합니다. EJS 파일이 정상으로 불러와지면 웹 브라우저 화면에서 '안녕하세요'라는 문구를 확인할 수 있습니다.

7. 이제 자바스크립트 문법을 EJS 파일에 적용해 보겠습니다. 자바스크립트를 사용하려면 `<%= %>`와 같은 특수한 형태의 코드로 자바스크립트 코드를 감싸 주어야 합니다. 다음과 같이 〈index.ejs〉 파일을 수정해 봅시다.

index.ejs   • 코드 파일 템플릿엔진.txt

```
(... 생략 ...)
<body>
    <h1><%= num %></h1>   <!-- num은 백엔드 서버에서 조회된 데이터를 표시 --!>
</body>
</html>
```

▶ ejs 파일은 html과 같은 주석 표시를 사용합니다.

215

8. 〈index.ejs〉에 데이터를 전달할 수 있도록 다음과 같이 〈index.js〉를 수정합니다. 〈index.ejs〉 파일을 불러올 때 { num: 3 } 데이터를 함께 넘기라는 명령의 코드입니다.

```
index.js                                          • 코드 파일 템플릿엔진.txt
(... 생략 ...)
app.set('view engine', 'ejs');

app.get('/', (req, res) => {
    res.render('index', { num: 3 });  // index.ejs 파일을 불러올 때 { num: 3 }
});                                      이라는 데이터를 함께 넘기기

app.listen(port, () => {
    console.log(`Example app listening on port ${port}`);
});
```

9. Ctrl+C를 눌러 서버를 종료하고 터미널에 node index.js를 입력해서 다시 서버를 구동합니다. 6번 단계에서 열었던 창에서 F5를 눌러 새로고침 한 후 웹 브라우저를 확인합니다.

Do it! 실습 ▸ 표시할 데이터에 조건 설정하기

이제 템플릿 엔진을 통해 웹에 표시되는 내용을 결정하는 데 필요한 조건을 설정할 차례입니다. 이러한 조건을 설정하는 이유는 사용자에게 동적으로 다양한 내용을 보여 주기 위해서인데요. 예를 들어, 사용자의 로그인 상태에 따라 다른 환영

메시지를 보여 주거나, 사용자의 입력 또는 요청에 따라 다른 데이터를 표시할 수 있습니다.

1. 자바스크립트의 조건문을 활용하여 다음과 같이 〈index.ejs〉 파일을 수정합니다. 자바스크립트 코드에서는 **<% %>**를 사용하고 화면에 표시되는 데이터를 나타낼 때는 **<%= %>** 사용해서 코드를 작성합니다.

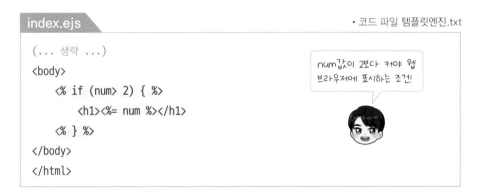

index.ejs • 코드 파일 템플릿엔진.txt

```
(... 생략 ...)
<body>
    <% if (num) 2) { %>
        <h1><%= num %></h1>
    <% } %>
</body>
</html>
```

num값이 2보다 커야 웹 브라우저에 표시하는 조건!

2. 〈index.ejs〉에 설정한 조건이 작동하는지 확인하기 위해 〈index.js〉에서 num 값을 1로 수정합니다.

index.js • 코드 파일 템플릿엔진.txt

```
(... 생략 ...)
app.set('view engine', 'ejs');

app.get('/', (req, res) => {
    res.render('index', { num: 1 });
});

app.listen(port, () => {
    console.log(`Example app listening on port ${port}`);
});
```

3. ⌈Ctrl⌉+⌈C⌉를 눌러 서버를 종료하고 다시 서버를 구동합니다. 이번에도 창을 새
로고침하여 어떤 변화가 나타나는지 확인합니다.

여기까지 익스프레스와 EJS를 활용한 간단한 형태의 서비스를 만들어 보았습니
다. 기존의 HTML 형식에 자바스크립트 코드가 더해지면서 복잡한 호출 과정 없
이 데이터를 불러올 수 있게 되었습니다.

이렇게 프런트엔드 영역에 데이터를 불러오는 방법을 살펴보았으니, 이어서 서
버가 데이터를 처리하는 방식을 알아보겠습니다.

서버는 데이터를
어떻게 처리할까?

서버는 클라이언트로부터 데이터를 받아 요청에 응답하거나 데이터베이스에 저장합니다. 서버의 2가지 활동을 자세히 살펴보겠습니다.

데이터를 서버에 보내는 방식 2가지 — GET, POST

프런트엔드에서 받은 데이터를 백엔드 서버에 어떤 방식으로 보낼지 결정할 때는 05-1절에서 다룬 HTTP 요청 메서드를 고려해야 합니다. 그중 GET과 POST 메서드를 다시 한번 살펴보겠습니다.

URL의 쿼리 문자열로 데이터를 '조회'하는 GET 메서드

요청 본문 <body>에 데이터를 담아 웹 서버에 전송하여 데이터를 '생성'하는 POST 메서드

이 2가지 메서드가 웹 서버에서 일어나는 요청과 응답의 핵심입니다. URL에 요청하는 데이터가 겉으로 드러나는지(GET), 드러나지 않는지(POST)가 두 메서드의 결정적인 차이입니다.

단순히 검색 키워드나 페이지 번호를 넘기는 경우라면 보안상 문제가 크게 없고 텍스트의 길이도 길지 않습니다. 이럴 때 URL에 정보가 노출되어도 무방하므로 GET 메서드를 사용하면 됩니다.

하지만 게시판에 작성하는 글의 내용이나 콘텐츠, 인증 정보 등은 요청 URL에 데이터를 직접 공개하는 것이 부적절합니다. 이처럼 보안이 요구되는 정보를 요청할 땐 주소 창에 입력하는 URL 형식이 아니라, 내부에서 데이터가 관리되는 요청 본문 형식으로 실어 보내는 POST 메서드를 사용해야 합니다.

프런트엔드 가운데 웹 브라우저의 웹 페이지에서 사용자가 입력한 값을 서버에 넘겨주려면 ⟨form⟩ 태그를 사용해야 하는데요. 회원을 상대로 정보를 수집할 때 설문지라는 폼form을 만들어 빈 칸을 채워 달라 요청하죠? 컴퓨터도 사용자로부터 정보(데이터)를 얻어야 할 때 ⟨form⟩이라는 태그를 사용한다고 생각하면 됩니다. 07-1절에서 작성한 코드를 조금 수정하여 ⟨form⟩ 태그를 다뤄 보겠습니다.

Do it! 실습 ▶ **GET 메서드로 조회 요청 처리하기**

1. GET 방식의 요청을 처리하는 라우팅 규칙을 ⟨index.js⟩에 다음과 같이 추가합니다.

```
index.js

(... 생략 ...)
app.set('view engine', 'ejs');

app.get('/', (req, res) => {
    res.render('index', { num: 3 });
});

app.get('/create', (req, res) => {   // '/create' 경로로 GET 방식의 요청이 오면
    console.log(req.query);               'hi'라고 응답하도록 규칙 추가
    res.send('hi');
});

app.listen(port, () => {
    console.log(`Example app listening on port ${port}`);
});
```

2. `<form>` 태그를 GET 방식으로 활용하기 위해 〈index.ejs〉 파일을 다음과 같이 수정합니다.

```
index.ejs

(... 생략 ...)
<body>                                     form 태그의 입력 필드와 제출 버
    <form action="/create" method="get">   튼은 <input> 태그로 구현됩니다!
      <!-- 메서드로 "GET" 설정 -->
        <input type="text" id="lname" name="content">
        <input type="submit" value="Submit">
    </form>
      <!-- type 속성은 데이터를 어떤 형태로 입력받을지 설정 -->
</body>
      <!-- submit 속성은 입력된 정보를 서버에 전달하는 버튼 -->
</html>
```

3. 터미널에 node index.js를 입력해 서버를 구동한 후 `localhost:3000`에 접속합니다. 이어서 입력 필드에 임의의 값을 입력하고 [Submit] 버튼을 클릭합니다. 이때 URL의 변경 사항을 눈여겨 살펴봅시다.

입력 필드에 '12345'를 입력하고 [Submit] 버튼을 클릭하니 `localhost:3000`이라는 기존의 주소 뒤에 `/create?content=12345`가 추가되는 것을 확인할 수 있습니다. 이렇게 조회 메서드인 GET을 이용하면 URL에 정보가 그대로 나타납니다.

추가로 VS 코드의 터미널에 표시된 로그를 확인합니다.

```
Example app listening on port 3000
{ content: '12345' }
```

Do it! 실습 ▶ POST 메서드로 생성 요청 처리하기

1. 이번에는 데이터를 생성하는 메서드인 POST를 사용해 보겠습니다.
〈index.js〉에 다음 코드를 추가해 주세요.

index.js   • 코드 파일 템플릿엔진.txt

```
(... 생략 ...)
app.get('/create', (req, res) => {
    console.log(req.query);
    res.send('hi');
});
```

222

```
app.post('/create', (req, res) => { // '/create' 경로로 들어오는 POST 요청을
    console.log(req.body);                처리할 수 있는 코드 추가
    res.send('hi');
});

app.listen(port, () => {
    console.log(`Example app listening on port ${port}`);
});
```

2. POST 방식으로 요청을 보내기 위해 〈index.ejs〉를 수정합니다.

index.ejs   • 코드 파일 템플릿엔진.txt

```
(... 생략 ...)
<body>
    <form action="/create" method="post">    <!-- 메서드를 "POST"로 변경 --!>
        <input type="text" id="lname" name="content">
        <input type="submit" value="Submit">
    </form>
</body>
</html>
```

3. 서버를 종료한 후 다시 구동합니다. 그리고 값을 필드에 입력하고 [Submit] 버튼을 클릭하여 URL을 살펴봅니다.

이어서 터미널에 나타나는 로그를 살펴봅니다. 여기서 undefined는 표시할 데이터가 없다는 것을 뜻하며, 요청 본문의 데이터를 읽을 수 없는 상태를 말합니다.

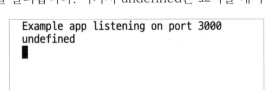

```
Example app listening on port 3000
undefined
█
```

4. ⟨index.js⟩에 다음 코드를 추가합니다.

index.js
• 코드 파일 템플릿엔진.txt

```
const express = require('express');
const app = express();
const port = 3000;

app.use(express.json()); // 요청 본문에 포함된 제이슨 데이터를 해석할 수 있도록 하기
app.use(express.urlencoded({ extended: true }));
                     // form으로 입력받은 요청 데이터를 처리할 수 있도록 하기
app.set('view engine', 'ejs');
(... 생략 ...)
```

5. 서버를 종료한 후 다시 구동합니다. 값을 필드에 입력하고 [Submit] 버튼을 클릭합니다. 이어서 로그에 어떤 변화가 있는지 확인합니다.

```
Example app listening on port 3000
{ content: '12345' }
█
```

데이터를 해석하고 처리할 수 있는 코드를 넣었더니 기존에는 정의되어 있지 않고(undefined) 출력되었던 것이 12345라는 콘텐츠를 입력받았음을 표시합니다.

서버는 데이터를 조회하거나 생성할 때 HTTP 메서드를 사용하며, 사용하는 메서드에 따라 응답 방식도 달라진다는 것을 실습해 보았습니다. 그렇다면 생성된 데이터는 이후 어떻게 처리되는지 알아보겠습니다.

데이터를 차곡차곡, 데이터베이스

우리가 인터넷에서 만들어 내는 수많은 정보들이 저장되지 않고 날아가면 어떤 일이 발생할까요? 구글, 네이버 같은 검색 엔진에서 원하는 정보를 찾을 수도, 사전에서 영어 단어의 뜻을 검색할 수도, 인터넷 쇼핑몰에서 원하는 물건을 살 수도 없을 것입니다. 즉, 데이터는 어딘가에 안전하게 저장되어 있어야만 가치를 발휘할 수 있습니다. 사용자나 시스템이 사용하려고 데이터를 모아 놓은 바로 그곳, 또는 그 저장 시스템을 **데이터베이스** database라고 합니다.

데이터베이스는 종류가 다양하지만 이 책에서는 우리에게 친숙한 형태의 데이터 저장 방식인 **관계형 데이터베이스 관리 시스템** relational database management system, 이하 RDBMS을 활용할 것입니다. 먼저 RDBMS의 구조를 간단하게 살펴보겠습니다.

갑자기 나타난 익숙한 화면, 무엇인지 눈치챘나요? 바로 대표적인 스프레드시트 프로그램, 엑셀입니다. 코딩을 처음 배우는 분도 아마 이 엑셀 화면은 눈에 익을 텐데요.

데이터가 항목별로 매칭되는 구조예요!

	A	B	C	D
1	글번호	제목	내용	글쓴이
2	1	HTML	HTML은 재미있다	조코딩
3	2	CSS	CSS는 어렵다	조경민

RDBMS 역시 엑셀과 마찬가지로 표의 형태로 데이터를 관리합니다. 동일한 성격의 데이터를 모아 놓은 집합을 **테이블**table 또는 **릴레이션**relation이라고 하며, 엑셀 파일을 열었을 때 하단에 표시되는 시트가 테이블과 같은 역할을 합니다.

아이디(id)	주제(title)	내용(content)	저자
1	HTML	HTML은 재미있다	조코딩
2	CSS	CSS는 어렵다	조경민

데이터베이스의 구조를 좀 더 자세히 들여다볼까요? 데이터베이스의 테이블도 일반적인 표와 마찬가지로 **행**low과 **열**column로 이루어져 있습니다. 앞서 예시로 들었던 주제title, 내용content 등이 여기에 해당합니다. 그리고 각 칼럼에서 값을 가지는 개체 하나를 **레코드**record 또는 **튜플**tuple이라고 합니다.

➔ 테이블 - 표 전체

아이디(id)	주제(title)	내용(content)	저자
1	HTML	HTML은 재미있다	조코딩
2	CSS	CSS는 어렵다	조경민

➔ 열 - 항목(어트리뷰트, 필드)   행 - 개별 객체(레코드)

RDBMS는 오라클, 마이에스큐엘, 마리아디비, 포스트그레스, 에스큐라이트 등 다양한 제품이 출시되어 전 세계의 시스템에서 활용되고 있습니다. 데이터베이스에서 데이터를 처리할 때에는 SQLstructed query language 언어를 사용하는데, 기본 문법이나 구조는 자바스크립트 등 개발 언어와 동일합니다. 하지만 우리가 사용하는 언어에도 다양한 사투리가 존재하는 것처럼 데이터베이스 제품 간 함수나 작성법에서

▶ 포스트그레스는 '포스트그레시퀄', '포스그레'라고도 합니다. 에스큐라이트는 '시퀄라이트'라고도 읽습니다.

도 다소 차이점이 있으니 사용할 때 주의해야 합니다. 게시판을 구현해 보는 이번 실습에서는 가벼운 성능으로 이용할 수 있는 **에스큐라이트**를 활용합니다.

| 오라클 | 마이에스큐엘 | 마리아디비 | 포스트그레스 | 에스큐라이트 |

자바스크립트와 데이터베이스의 통역사, ORM

데이터베이스는 자체 언어인 SQL을 사용하여 관리한다고 설명했죠? SQL을 또 공부해야 하나 걱정되나요? 괜찮습니다. 자바스크립트를 활용하여 데이터베이스의 데이터를 조회하거나 생성할 수 있으니 SQL은 지금 바로 학습하지 않아도 됩니다. 자바스크립트의 키: 값 형태를 갖는 데이터를 SQL문으로 변환하여 데이터베이스에 적용할 수 있는 **객체 관계 매핑**object relational mapping, 이하 ORM 덕분인데요. 이는 앱과 데이터베이스를 연결할 때 SQL 언어가 아닌 자바스크립트, 파이썬 등 앱 개발 언어를 사용해도 데이터베이스에 접근할 수 있게 도와주는 도구입니다. 댓글 데이터가 저장되어 있는 comments 테이블에서 아이디의 값이 1인 데이터를 조회하려면 다음과 같은 SQL 코드를 실행해야 합니다. 생소하기도 하고 지금까지 배운 지식으로는 잘 해석하지 못할 수도 있습니다.

```
SELECT * FROM comments WHERE id = '1';
```

아이디(id)	댓글(comments)
1	강의 너무 재미있어요!
2	코딩 어려워요!

ORM을 서비스에 적용하면 자바스크립트를 활용하여 데이터를 좀 더 직관적으로 다룰 수 있습니다. 통역사가 서로 다른 두 언어를 의미를 전달하듯이 ORM이 자바스크립트와 SQL 사이에서 통역사 역할을 해주기 때문이죠.

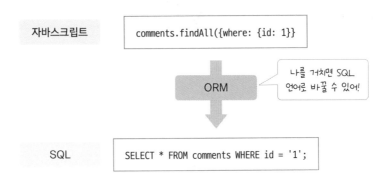

자바스크립트에서 주로 사용하는 ORM은 **시퀄라이즈**(sequelize. org)이며, 에스큐라이트뿐만 아니라 포스트그레스, 마이에스큐엘, 마리아디비, MS SQL, 오라클 등 다양한 데이터베이스 제품과 연동할 수 있도록 지원합니다.

시퀄라이즈 로고

▶ 시퀄라이즈는 DB 작업을 쉽게 할 수 있도록 도와주는 라이브러리입니다.

여기까지 살펴봤으니 이제 본격적으로 게시판을 만들어 볼까요?

07-3

데이터베이스를 활용한
게시판 만들기

노드와 에스큐라이트를 활용하여 단계별로 게시판을 구현해 보겠습니다. 06장의
실습 코드를 활용하니 이해되지 않거나 헷갈리는 부분이 있다면 06장을 복습해
주세요.

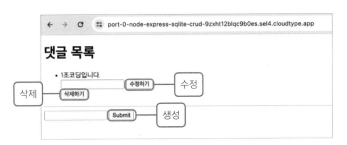

이 책에서 만들 게시판 완성본

Do it! 실습 ► 게시판 페이지 만들기

1. C 드라이브에 새 폴더를 만들고 VS 코드에서 [File → Open Folder]를 선택합
니다. VS 코드 상단에서 [Terminal → New Terminal]을 클릭해 새로운 터미널을
띄웁니다. 이어서 터미널에 다음 명령어를 입력하여 프로젝트를 초기화합니다.

```
npm init
```

2. 익스프레스와 EJS를 활용하기 위해 터미널에 다음 명령어를 입력하여 프로젝트에 패키지를 설치합니다.

Terminal

```
npm install express
npm install ejs
```

3. 프로젝트 폴더에 index.js 파일을 생성하고 다음 코드를 작성합니다.

index.js   • 코드 파일 게시판.txt

```
const express = require('express');
const app = express();
const port = 3000;
let comments = []; // 댓글 데이터가 담기는 배열을 comments 변수에 할당
                   // 댓글이 등록될 때마다 데이터가 변경되므로 변수 상자 let 사용
app.use(express.urlencoded({ extended: true }));
app.set('view engine', 'ejs');
app.get('/', (req, res) => { // 댓글 데이터를 '/' 경로의 페이지에서 조회할 수 있도록 하기
    res.render('index', { comments: comments });
});                              키 ↶        ↳ 배열


app.post('/create', (req, res) => {
    console.log(req.body);
    const { content } = req.body; // content를 name으로 갖는 데이터 가져오기
    comments.push(content);       // comments 배열에 데이터 넣어 주기
    res.redirect('/');            // post 요청이 정상 처리되면 '/' 경로로 페이지 이동
```

```
});

app.listen(port, () => {
    console.log(`Example app listening on port ${port}`);
});
```

4. 프로젝트 폴더에 [views] 폴더를 만들고 그 안에 index.ejs 파일을 만듭니다. 그리고 다음 코드를 〈index.ejs〉에 작성합니다.

index.ejs   • 코드 파일 게시판.txt

```
<!DOCTYPE html>
<html lang="ko">
<head>
    <meta charset="UTF-8">
    <meta name="viewport" content="width=device-width, initial-scale=1.0">
    <title>내 페이지</title>
</head>
<body>
    <h1>댓글 목록</h1>
    <% for (comment of comments) { %>  // for 반복문으로 comments 배열 속
        <li><%= comment %></li>              데이터를 웹 페이지에 한 줄씩 표시하기
    <% } %>
    <form action="/create" method="post">
        <input type="text" name="content">
        <input type="submit" value="Submit">
    </form>
</body>
</html>
```

5. 터미널에 다음 명령어를 입력하여 서버를 실행합니다. 크롬 브라우저를 열고 `localhost:3000`에 접속해 웹 페이지가 정상으로 표시되는지 확인합니다.

```
node index.js
```

6. 입력 필드에 텍스트를 입력하고 [Submit] 버튼을 누른 뒤 입력한 텍스트가 웹 페이지에 잘 표시되는지 확인합니다.

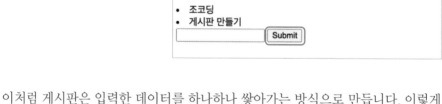

이처럼 게시판은 입력한 데이터를 하나하나 쌓아가는 방식으로 만듭니다. 이렇게 쌓인 데이터를 앞으로도 계속 사용하려면 데이터베이스를 연결해 데이터가 영구 적으로 남도록 만들어야겠죠? 웹 페이지에 데이터베이스를 연동해 보겠습니다.

Do it! 실습 ▶ 노드와 에스큐라이트 연동하기

1. 서버를 재시작한 후 다시 `localhost:3000`에 접속합니다. 지금은 데이터베이 스를 연동하지 않아서 서버가 종료되면 데이터가 날아갑니다. 터미널에 다음 명 령어를 입력하여 에스큐라이트 데이터베이스와 시퀄라이즈 ORM을 설치합니다.

```
npm install sequelize sqlite3
```

2. 〈index.js〉를 다음과 같이 수정합니다.

• 코드 파일 게시판.txt

이렇게 정의된 데이터 설계를 모델이라고 해요!

index.js

```
const express = require('express');
const app = express();
const port = 3000;
const { Sequelize, DataTypes } = require('sequelize');

const sequelize = new Sequelize({ // 시퀄라이즈를 사용하기 위한 객체 생성&변수에 할당
    dialect: 'sqlite',            // 데이터베이스로 에스큐라이트를 사용
    storage: 'database.sqlite'    // 에스큐라이트를 통해 관리되는 데이터 파일의
});                                           // 저장 경로 지정

const Comments = sequelize.define('Comments', {
    content: {                    // content 칼럼의 데이터 타입과 기타 설정 정의
        type: DataTypes.STRING,   // 데이터 타입을 STRING(문자열)으로 정의
        allowNull: false          // 데이터는 Null(빈 값)을 허용하지 않음.
    }                                         // Null값을 넣으면 오류 발생
});

(async () => { // 설계한 모델에 맞게 데이터베이스에 테이블 생성
    await Comments.sync({ force: true });
    console.log("The table for the User model was just (re)created!");
})();

let comments = [];
(... 생략 ...)
```

233

3. 서버를 실행하고 터미널에 로그가 다음과 같이 출력되는지 확인합니다.

```
Example app listening on port 3000
Executing (default): DROP TABLE IF EXISTS `Comments`;
Executing (default): CREATE TABLE IF NOT EXISTS `Comments` (`id` INTEGER P
RIMARY KEY AUTOINCREMENT, `content` VARCHAR(255) NOT NULL, `createdAt` DAT
ETIME NOT NULL, `updatedAt` DATETIME NOT NULL);
Executing (default): PRAGMA INDEX_LIST(`Comments`)
The table for the User model was just (re)created!
```

프로젝트 폴더에 database.sqlite 파일이 생성
되었는지도 확인합니다.

4. 데이터베이스는 원래 눈에 보이지 않습니다. 데이터 파일을 열람하려면 별도
의 도구가 필요합니다. VS 코드의 마켓플레이스에서 sqlite를 검색한 후 SQLite
Viewer를 설치합니다.

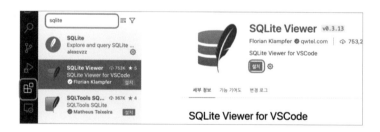

234

5. VS 코드 탐색기에서 database.sqlite 파일을 더블클릭하여 실행합니다. 이제 에스큐라이트 데이터베이스에 저장된 데이터를 손쉽게 열람하고 편집할 수 있습니다.

Do it! 실습 게시글 생성·조회 기능 추가하기

댓글을 작성하면 데이터베이스에 저장하고, 데이터를 웹 페이지에서 조회할 수 있도록 코드를 수정해 보겠습니다.

1. ⟨index.js⟩를 다음과 같이 수정하고 [Ctrl]+[S]를 눌러 저장합니다.

index.js
• 코드 파일 게시판.txt

```
(... 생략 ...)
app.get('/', (req, res) => {
    res.render('index', { comments: comments });
});

app.post('/create', async (req, res) => {    // create() 함수로 데이터를 생성
    console.log(req.body);                         → async 코드 추가
    const { content } = req.body;
```

235

```
    const comment = await Comments.create({ content: content });
    // content 데이터를 comments 테이블의 content 칼럼에 입력하여 데이터 생성
    console.log(comment.id);
    // 생성된 데이터에 각 레코드를 구분할 수 있는 유일한 값인 아이디가 할당됨
    res.redirect('/');
});
(... 생략 ...)
```

2. 서버를 실행한 뒤 필드에 조코딩입니다.라는 텍스트를 입력하고 [Submit] 버튼을 클릭합니다. 터미널에 로그가 다음과 같이 출력되는지 확인합니다.

```
Example app listening on port 3000
Executing (default): DROP TABLE IF EXISTS `Comments`;
Executing (default): CREATE TABLE IF NOT EXISTS `Comments` (`id` INTEGER
 PRIMARY KEY AUTOINCREMENT, `content` VARCHAR(255) NOT NULL, `createdAt`
 DATETIME NOT NULL, `updatedAt` DATETIME NOT NULL);
Executing (default): PRAGMA INDEX_LIST(`Comments`)
The table for the User model was just (re)created!
{ content: '조코딩입니다.' }
Executing (default): INSERT INTO `Comments` (`id`,`content`, `createdAt`
,`updatedAt`) VALUES (NULL,$1,$2,$3);
1
```

3. 에스큐라이트 뷰어에서 데이터를 확인합니다.

데이터가 안 보이면 새로고침 아이콘을 클릭해 보세요!

4. 작성한 댓글이 웹 브라우저에 표시되도록 〈index.js〉를 다음과 같이 수정합니다.

• 코드 파일 게시판.txt

index.js

```
(... 생략 ...)
app.use(express.urlencoded({ extended: true }));
app.set('view engine', 'ejs');
app.get('/', async (req, res) => { // findAll() 함수로 데이터 조회 → async 코드 추가
    const comments = await Comments.findAll();
    res.render('index', { comments: comments });
});                         // comments 테이블의 데이터를 조회하여 comments 변수에 넣기

app.post('/create', async (req, res) => {
    console.log(req.body);
(... 생략 ...)
```

5. 웹 페이지에 댓글의 내용만 표시되도록 〈index.ejs〉를 다음과 같이 수정합니다.

• 코드 파일 게시판.txt

index.ejs

```
(... 생략 ...)
<body>
    <h1>댓글 목록</h1>
    <ul>                    <!-- ul은 댓글 목록처럼 항목을 나열할 때 사용 --!>
        <% for (comment of comments) { %>
                        <!-- comment는 comments 테이블의 개별 레코드--!>
        <li><%= comment.content %></li>
        <% } %>  <!-- 특정 칼럼의 데이터 조회 → comment.[칼럼명] 형식으로 작성 --!>
    </ul>
```

```
    <hr>               <!-- hr은 시각적 구분을 위해 수평 줄을 만들 때 사용 --!>
    <form action="/create" method="post">
        <input type="text" name="content">
        <input type="submit" value="Submit">
    </form>
</body>
</html>
```

6. 서버를 구동하고 `localhost:3000`에 접속하여 글을 작성합니다. 그리고 입력한 텍스트가 웹 페이지에 잘 표시되는지 확인합니다.

Do it! 실습 게시글 수정 · 삭제 기능 추가하기

게시글을 수정·삭제하는 과정은 생성·조회에 비해 데이터에 영향을 크게 미치므로 대상을 정확하게 설정하는 것이 중요합니다. 데이터베이스에 저장되는 레코드의 아이디는 각각 고유하므로 다른 레코드와 겹치지 않게 특정할 수 있습니다. 이 부분에 유의하여 이번에는 게시글의 수정·삭제 기능을 구현해 봅시다.

1. 게시글을 수정하는 라우팅 규칙을 〈index.js〉에 다음과 같이 추가합니다.

• 코드 파일 게시판.txt

```
(... 생략 ...)
app.post('/create', async (req, res) => {
(... 생략 ...)
});


// 게시글을 수정하는 라우팅 규칙 추가
// update() 함수를 사용할 때는 async 코드 추가
// 라우팅 경로에서 데이터에 따라 가변 부분을 나타낼 때는 콜론(:) 사용
app.post('/update/:id', async (req, res) => {
    console.log(req.params);
    console.log(req.body);
    const { id } = req.params;      // 파라미터에서 아이디값 가져오기
    const { content } = req.body;
    // 테이블의 데이터 중 파라미터의 아이디값과 일치하는 것에 content값 덮어쓰기
    await Comments.update({ content: content }, {
        where: {
            id: id
        }
    });
    res.redirect('/');
});


app.listen(port, () => {
    console.log(`Example app listening on port ${port}`);
});
```

칼럼 → / ← 요청 본문

파라미터

칼럼

2. 게시글을 '수정'하는 데 필요한 입력 필드와 버튼을 생성하기 위해 다음과 같이 〈index.ejs〉를 수정합니다.

• 코드 파일 게시판.txt

index.ejs

```
(... 생략 ...)
<!-- form의 데이터를 요청하는 주소 설정 --!>
<!-- 게시물을 수정하는 메서드로 "post" 사용 --!>
    <ul>
    <% for (comment of comments)  { %>
    <li><%= comment.id %><%= comment.content %></li>
    <form action="/update/<%= comment.id %>" method="post">
        <input type="text" name="content">
        <input type="submit" value="수정하기">
    </form> <!-- 버튼 역할을 구분하도록 value 속성에 "수정하기" 문구 설정 --!>
    <% } %>
    </ul>
(... 생략 ...)
```

3. 서버를 구동하고 `localhost:3000`에 접속하여 글을 작성합니다. 이어서 수정 필드에 기존과 다른 값을 입력하고 [수정하기] 버튼을 클릭해서 값이 변경되는지 확인합니다.

4. 게시글을 삭제하는 라우팅 규칙을 〈index.js〉에 다음과 같이 추가합니다.

index.js
• 코드 파일 게시판.txt

```
(... 생략 ...)
app.post('/update/:id', async (req, res) => {
(... 생략 ...)
});

app.post('/delete/:id', async (req, res) => {
    console.log(req.params);
    const { id } = req.params;   // 데이터 중 파라미터의 아이디값과 일치하는 것 삭제
    await Comments.destroy({
        where: {
            id: id
        }
    });
    res.redirect('/');
});
(... 생략 ...)
```

5. 게시글을 삭제하는 버튼을 생성하기 위해 다음과 같이 〈index.ejs〉를 수정합니다.

```
index.ejs                                          • 코드 파일 게시판.txt
(... 생략 ...)
      <form action="/update/<%= comment.id %>" method="post">
(... 생략 ...)
      </form>
      <!-- 게시글을 삭제하는 메서드로 "post" 사용 --!>
      <form action="/delete/<%= comment.id %>" method="post">
          <input type="submit" value="삭제하기">
      </form>
    <% } %>
(... 생략 ...)
```

6. 서버를 구동하고 `localhost:3000`에 접속하여 글을 작성합니다. 이어서 [삭제하기] 버튼을 클릭해 작성한 글을 삭제합니다.

242

06-4절에서 동물 소리 API를 배포했던 것처럼 적절한 이름으로 깃허브 저장소
를 만들고 다음 파일을 업로드합니다.

- index.js
- views\index.ejs
- package-lock.json
- database.sqlite (선택)
- package.json

database.sqlite는 로컬(내부)에서 테스트하던 데이터베이스의 데이터를 배포 환
경에서 사용하려는 경우가 아니라면 업로드하지 않아도 됩니다. 클라우드타입에
배포하기 위한 초기 세팅이 필요하다면 06-4절을 참고하세요.

1. 대시보드 왼쪽 메뉴에 있는 [+] 버튼을 클릭해 새 프로젝트를 생성합니다. 프
로젝트 이름은 crud로 정합니다.

2. 대시보드 가운데 있는 [+] 버튼을 클릭해 검색어로 node를 입력한 후 [Node. js 템플릿]을 선택합니다.

3. 저장소 선택 목록에서 미리 만들어 놓은 저장소를 선택합니다.

4. 여러 설정 중에서 다음 항목을 확인하여 입력하고 [배포하기] 버튼을 클릭합니다.

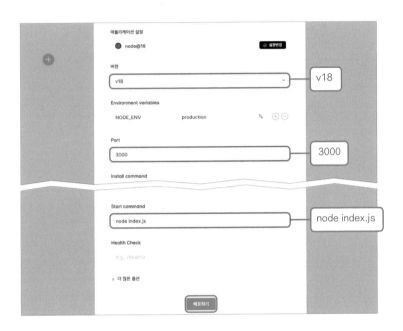

5. 배포가 완료되어 상태가 '실행 중'으로 바뀌면 [접속하기] 버튼을 누릅니다.

6. 다음과 같이 웹 브라우저에서 게시판이 잘 표시되는지 확인하고 내용을 추가하거나 수정하는 등 구현한 기능을 테스트합니다.

이 책에서는 웹 개발에 필요한 기초 개념을 배우고 간단한 게시판까지 만들어 보았습니다. 여기서 만든 결과물은 아주 단순한 형태이지만 게시판을 만드는 데 필요한 기본 구성 요소를 모두 갖췄습니다. 또 다른 정보를 HTML 문서에 추가하고 CSS를 적용하면 우리가 평소에 보던 웹 사이트도 만들 수 있습니다. 이제부터는 게시판을 넘어 더 넓은 웹 개발의 세계로 한 걸음 더 나아가 보세요!

Q1 EJS, 타임리프와 같이 백엔드 서버에 있는 데이터를 HTML에 바로 활용할 수 있도록 도와주는 도구를 (템플릿 / 데이터) 엔진이라고 합니다.

Q2 〈form〉 태그의 속성 중 HTTP 통신 방식을 설정하기 위해 사용하는 것은 무엇인가요?

① action　　　② method　　　③ name　　　④ class

Q3 행과 열로 구성된 테이블 단위로 데이터를 관리하며 SQL 언어로 데이터를 조회·조작하는 시스템을 (관계형 / 비관계형) 데이터베이스라고 합니다.

Q4 SQL 언어가 아닌 자바스크립트, 자바, 파이썬과 같은 앱 개발 언어로 데이터베이스를 접근할 수 있도록 도와주는 도구는 무엇인가요?

① ORM　　　② 튜플　　　③ 레코드　　　④ POST

정답　257쪽

부록

실습할 때 오류가 생겼어요!

실습을 진행하다가 명령이 제대로 실행되지 않을 때 다음 5가지를 확인해 보세요. 코드를 하나라도 틀리게 작성하면 제대로 실행되지 않는답니다.

1. 다른 터미널에서 실행되고 있는 서버가 있는지 확인하세요

프로젝트 폴더를 새로 만들면 기존에 실습하던 터미널은 실행되지 않습니다. 단, 하나의 폴더에서 [Terminal → New Terminal]을 반복하여 새로운 터미널을 여럿 만들면 포트가 중복되어 서버가 제대로 작동하지 않을 수 있어요. 따라서 서버가 제대로 실행되지 않으면 켜져 있는 터미널이 1개가 아닌지 확인해 보세요.

2. `(백쿼트) 대신 '(작은따옴표)를 썼는지 확인하세요

다음은 이 책에서 입력하는 모든 자바스크립트 문서에 공통으로 들어가는 코드입니다.

```
app.listen(port, () => {
    console.log(`Example app listening on port ${port}`);
});
```

두 번째 줄에 주목해 볼게요. 괄호 속 코드에 `(백쿼트)가 들어간 것 보이나요?

console.log(`Example app listening on port ${port}`);

대부분의 코드에는 `(백쿼트) 대신 '(작은따옴표)를 사용해도 문제가 안 될 수 있지만, 문자열에 한해 ${}가 들어가는 코드에는 반드시 `(백쿼트)를 사용해야 합니다. 서버가 제대로 구동되지 않는다면 잘못 입력한 부분이 없는지 확인해 보세요!

3. 새로고침을 했는지 확인하세요

서버를 구동하여 웹 브라우저를 실행했는데 변화가 없다면 새로고침을 했는지 확인해야 합니다. 키보드에서 F5 를 누르거나 새로고침 아이콘을 클릭하세요.

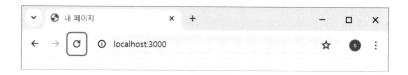

4. Ctrl + C 를 눌러 서버를 종료해 보세요

코드를 수정하고 다시 서버를 구동하려고 합니다. 하지만 이미 한번 서버를 구동하고 나면 터미널에 아무것도 입력되지 않습니다.

이럴 땐 Ctrl + C 를 눌러 서버를 종료하고 다시 서버를 구동하는 코드를 입력해야 합니다. 이 책에서는 노드를 사용하므로 node index.js를 입력하고 Enter 를 눌러 서버를 재구동하면 됩니다.

5. 코드에 이상이 없는지 다시 한번 확인하세요

앞에서 시도해 본 4가지를 모두 제대로 진행했는데도 서버가 제대로 실행되지 않는다면 코드를 잘못 입력했을 가능성이 있어요. 코드의 스펠링이 틀렸거나 코드 한 줄을 빼먹은 경우, 코드가 잘못된 위치에 입력된 경우 등 코드를 한 자라도 잘못 입력하면 오류를 발생시킬 수 있습니다.

실습에 필요한 코드 파일을 제공하니, 자신의 VS 코드와 비교해 보며 틀린 것이 없는지 확인해 보세요. 눈으로 찾는 것이 도저히 어렵다면 코드를 복사해서 붙여 넣기 해도 좋아요. 이 책에서는 코딩의 큰 흐름을 그리며 하나의 게시판을 만들어 보는 것이 최종 목표이니까요!

챗GPT에게 물어보세요!

부록에서 소개하는 5가지만 다시 점검해 봐도 웬만한 문제는 모두 해결할 수 있습니다. 다만 우리는 코드를 처음 다루다 보니 어떤 부분이 잘못된 것인지 정확하게 파악하기가 어려워요. 이럴 땐 입력한 코드 전체를 복사해서 챗GPT에 붙여 넣고, 어떤 부분에 문제가 있는지 물어보세요. 챗GPT는 잘못 입력된 코드를 찾아 어떻게 바꾸라고까지 친절히 알려 준답니다.

이 페이지에 정리된 모범 답안은 수많은 정답 중 하나일 뿐 반드시 똑같이 작성할 필요는 없습니다. 여러분이 문제 해결에 어려움을 겪을 때 이 페이지를 펴고 참고해 보는 용도로 활용하세요.

25쪽

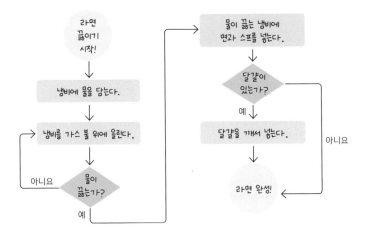

111쪽

```
const ramenName = '신라면';        // 라면 종류
let ramenNum = 3;                 // 라면 개수
let water = 1;                    // 물 용량(리터)
let boilingTime = 5;              // 조리 시간
let hasCheese = false;            // 치즈 유무
let hasEggs = true;               // 계란 유무
```

해설 정해진 값에는 const, 변할 수 있는 값에는 let으로 변수를 선언합니다. 여기에서 값이 변하지 않는 '라면 종류'는 const를 사용하는 반면, 사람 수나 재료 유무 등에 따라 값이 변할 수 있는 '라면 개수', '물 용량', '조리 시간', '치즈 유무', '계란 유무'는 let을 사용하는 것입니다.

116쪽

```javascript
function pour(water) {
}          // 냄비에 물 붓기
function addRamenNoodle() {
}          // 끓는 물에 면 넣기
function addSoup() {
}          // 끓는 물에 스프 넣기
function boil(cookingMinute) {
}          // 끓이기
function addEggs() {
}          // 계란 넣기
```

[해설] 함수를 선언할 때는 function을 사용합니다. 인자가 필요한 pour, cookingMinute 함수를 제외하고는 함수명 옆 소괄호 내에 아무것도 작성하지 않습니다.

120쪽

```javascript
// 계란이 있으면 계란을 넣는다.
if (hasEggs) {
    addEggs();
}
```

[해설] '계란이 있으면'이라는 조건을 만족하면 계란을 넣는 함수를 실행하도록 하면 됩니다.

124쪽

```javascript
// 물이 끓을 때까지 5분 끓인다.
for (let i = 0; i < 5; i++) {
    boil();
}
```

[해설] 5분이 되기 전까지 물을 끓이는 작업을 실행하는 반복문을 만들 수 있습니다. 끓인 시간(분)을 변수 i로 선언한 다음 i가 5 미만이면 작업을 반복할 수 있도록 초기식, 조건식, 증감식을 세워 보세요.

129쪽

[해설] location.href는 브라우저에서 현재 접속 중인 주소를 가리킵니다. 따라서 location.href = 'http://www.easyspub.co.kr'를 실행하면 브라우저에서 'http://www.easyspub.co.kr'로 접속됩니다.

142쪽

구청에서 여권 신청하기
1. 신청자(클라이언트)는 용도에 맞는 여권 발급 신청서(요청 본문)를 작성합니다.
2. 작성한 신청서와 신분증(API 인증 정보)을 가지고 번호표를 뽑습니다.
3. 번호표 순서가 되면 창구로 이동하여 선청서와 신분증을 제출하고 신청 절차를 밟습니다 (클라이언트에서 백엔드로 요청 전송).
4. 신청 완료 후 발행이 완료되면 창구에서 여권을 수령합니다(백엔드에서 처리된 응답을 클라이언트가 수신).

148쪽

[해설] 프로토콜은 // 앞에 들어가는 부분, 호스트는 프로토콜 뒤에 위치하는 웹 사이트의 주소를 가리킵니다. 경로는 호스트 뒤에 / 이하 부분을, 쿼리 문자열은 ? 이하 부분을 가리킵니다.

176쪽

[해설]
- date /t, date: 현재 날짜 조회
- dir/ls -al: 현재 위치한 디렉토리의 폴더 및 파일 출력
- cd/pwd: 현재 위치한 디렉토리 경로 출력
- cls/clear: 터미널 화면 내용 지우기

183쪽

[해설] \n은 줄 바꿈을 나타내는 특수한 문자 조합이며, 이스케이프 시퀀스(escape sequence)라고 부릅니다. 줄 바꿈 이외에도 다양한 형태의 문자열을 나타낼 수 있습니다.

- \t: 가로 탭
- \': 작은따옴표
- \": 큰 따옴표

191쪽

[해설]
1. 127.0.0.1은 현재 내가 사용하고 있는 컴퓨터, 즉 로컬 호스트(localhost)를 가리키므로 위와 같은 화면을 브라우저에서 확인할 수 있습니다.
2. 포트 번호를 변경하려면 190쪽의 〈index.js〉에 작성한 const port = 3001;에서 3001을 희망하는 값으로 바꾸면 됩니다. 단, 이미 용도가 지정된 포트를 사용하지 않도록 주의해야 합니다.

01장

Q1 CPU

[해설] 컴퓨터는 0과 1로 명령을 받아들이고 이해하는데, 두 숫자를 조합하여 값을 나타내는 방식을 이진법이라고 합니다.

Q2 알고리즘

Q3 클라이언트, 서버

Q4 웹 브라우저

02장

Q1 Markup

Q2 마크업

Q3 ① 〈head〉

Q4

```
<body>
    <h1>조코딩입니다.</h1>
    <h2>코딩은 재밌어.</h2>
    <!-- <h2>코딩은 어려워.</h2> --!>
</body>
```

[해설] 코드가 출력되지 않게 하려면 코드를 주석으로 처리해야 합니다. HTML 문서에서 주석 처리를 하려면 코드의 양끝에 <!--와 --!>를 입력하면 됩니다.

03장

Q1 Style

Q2 ② color

Q3 ① class

Q4

```
#sea {
    color: blue;
}
```

Q5

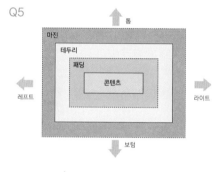

Q6 border-box

04장

Q1 let, const

Q2 ③ user-1, ④ 1_user

[해설] 변수의 이름에는 알파벳 대소문자와 숫자, 언더스코어(_)를 사용할 수 있습니다. 단, 첫 글자로 숫자는 올 수 없습니다.

Q3

```
function multiply(a, b) {
    return a * b;
};
```

(해설) 함수를 선언할 때는 function을 사용하고, 함수를 반환(결과)할 때는 return문을 사용합니다.

Q4 ② gift();

(해설) 주사위 숫자 5는 첫 번째 조건식인 number > 5를 만족하지 않지만 두 번째 조건식인 number > 3를 만족합니다. 따라서 만족하는 조건식에 해당하는 gift() 함수가 실행됩니다.

Q5

```
for (let i = 1; i < 101; i++) {
    console.log( `${i}명의 손님이 입
장했습니다.` );
}
```

(해설) 1명부터 100명까지 출력된다고 했으므로 조건식을 i < 101로 설정하여 i = 100일 때도 문자열이 출력되어야 합니다. 공통 문자열을 제외하고 값에 따라 출력이 달라지는 부분은 ${i}로 작성하면 됩니다.

05장

Q1 API
Q2 헤더, 본문
Q3 ③ 경로
Q4 GET, POST, PUT, DELETE

Q5

```
{
    "출발지": "서울역",
    "도착지": "대전역",
    "열차종류": "KTX",
    "열차번호": "075",
    "경유역": ["서울역", "광명역", "천
안아산역", "오송역", "대전역"]
}
```

(해설) 여러 개의 값을 갖는 항목은 대괄호를 써서 제이슨 데이터를 완성합니다.

06장

Q1 ④ 노드JS
Q2 IP, 포트
Q3 ③ CORS

07장

Q1 템플릿
Q2 ② 메서드
Q3 관계형
Q4 ① ORM

웹 프로그래밍을 기초부터 시작하고 싶다면?

Do it!
HTML+CSS+자바스크립트
웹 표준의 정석

웹 분야 1위! 그만한 이유가 있다!
키보드를 잡고 실습하다 보면
웹 개발의 3대 기술이 끝난다!

난이도 ●○○○○
고경희 지음 | 30,000원

Do it!
자바스크립트
+제이쿼리 입문

난이도 ●●○○○
정인용 지음 | 20,000원

Do it!
반응형
웹 페이지 만들기

난이도 ●●○○○
김운아 지음 | 20,000원

Do it!
모던 자바스크립트
프로그래밍의 정석

난이도 ●●●○○
고경희 지음 | 36,000원

기초 프로그래밍을 정식으로 배우고 싶다면?

Do it!
점프 투 파이썬

이미 300만 명이 이 책으로 시작했다!

중학생도 첫날부터 실습하는 초고속 입문서
키보드 잡고 한 시간이면
파이썬으로 프로그램 만든다!

난이도 ●○○○○
박응용 지음 | 22,000원

Do it!
점프 투 자바

Java 8~20
모든 버전 가능!

비전공자도 첫날부터 실습하는 초고속 입문서
현직 자바 개발자가 핵심만 골랐다!
키보드 잡고 15일이면 자바 기초를 끝낸다!

난이도 ●○○○○
박응용 지음 | 21,000원

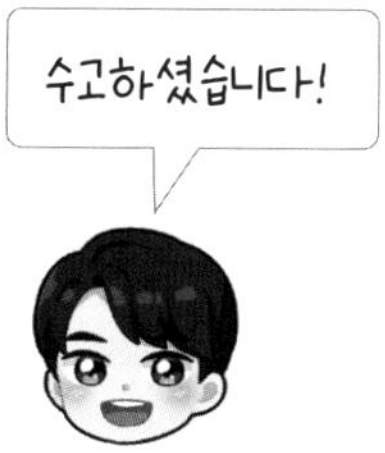
수고하셨습니다!